KB239296

원샷!
스페인어 첫걸음

원샷! 스페인어 첫걸음

초판 1쇄 발행 2004년 3월 20일
초판 14쇄 발행 2023년 10월 10일

지은이   임효상 양승관
펴낸이   이영선

편집   이일규 김선정 김문정 김종훈 이민재 김영아 이현정
디자인   김회량 위수연
독자본부   김일신 정혜영 김연수 김민수 박정래 손미경 김동욱

펴낸곳 서해문집 | 출판등록 1989년 3월 16일(제406-2005-000047호)
주소 경기도 파주시 광인사길 217(파주출판도시)
전화 (031)955-7470 | 팩스 (031)955-7469
홈페이지 www.booksea.co.kr | 이메일 shmj21@hanmail.net

ⓒ 임효상·양승관, 2004
ISBN 978-89-7483-259-9   03770

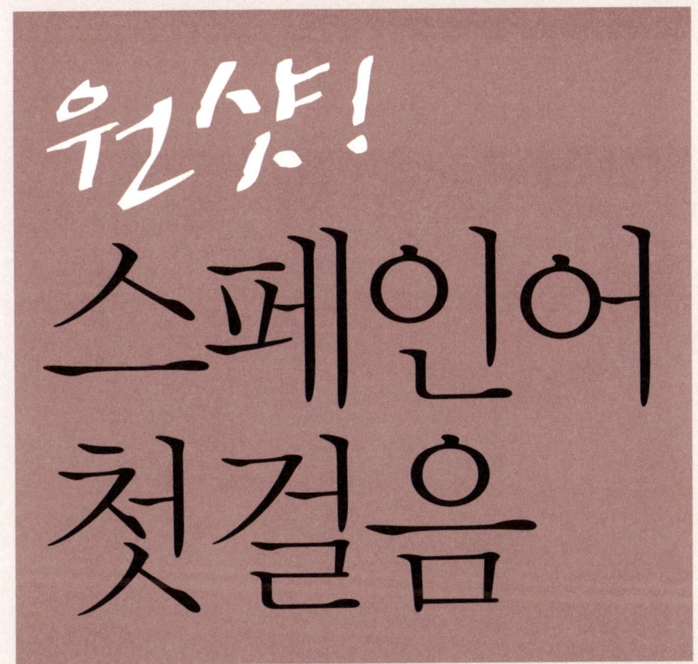

임효상·양승관 선생님이 쓰신 스페인어를 시작하는 책

유럽의 이베리아 반도에 위치한 스페인을 비롯해서 중남미 20여 개 이상의 국가에서 사용하는 스페인어는, 최근 라틴음악이 전 세계적으로 유행하면서 많은 사람들의 관심을 끌고 있는 매력적인 언어입니다. 미국의 히스패닉계를 비롯해서 전 세계적으로 4억의 인구가 사용하고 있는 언어이며 국내에서도 갈수록 사용자들이 늘어나고 있는 추세입니다.

서점에는 이미 많은 스페인어 교재가 나와 있습니다. 그러나 대부분의 교재가 문법 위주로 구성되어 있어서 일반 독자들이 식상해 하는 경우가 많습니다. 일상적인 회화 중심의 실용적인 교재를 필요로 하는 수요자의 요구에 부응하지 못하기 때문입니다. 이 교재는 회화 중심으로 본문을 구성했으며 일부 단원에서 스페인어권 국가들에 대해 간략한 소개를 하였습니다. 각 단원의 앞부분에는 해당 단원에서 배울 내용과 연관 있는 예문으로 대화를 구성했고 다음으로 문법내용을 제시했습니다. 그리고 연습문제를 통해서 학습자 스스로 진단할 수 있게 했고, 부록 편에서 정답을 제시했습니다.

정열의 언어 스페인어를 배우려면 돈키호테와 같은 열정이 필요합니다. 탱고 음악이 흐르는 가운데 여러분 각자가 무용수가 되었다고 상상해 보기 바랍니다. 플라멩코나 살사춤을 직접 추면서 그들의 정서를 느껴 보기 바랍니다. 모든 것은 얼마나 적극적으로 하느냐에 달려 있습니다. 스페인어를 배우면서 마음 속에 간직하는 표현이 하나 있습니다. sin prisa, sin pausa라는 말입니다. '서두르지 말되 멈추지 말라' 는 뜻입니다. 외국어를 배울 때 가장 중요한 것이 바로 인내심입니다. 가까운 날에 독자 여러분께서 스페인어권 사람들과 자연스럽게 대화를 나눌 수 있기를 진심으로 바랍니다.

2004년 2월 임효상 · 양승관

선행학습

회화와 문법

Lección 1   **¡Hola! Buenos días.**   안녕하세요! 좋은 아침입니다.

만나고 헤어질 때 인사하기 · 인칭대명사 주격
처음 만났을 때 인사하기 · 동사 ser / estar의 변화형과 용법

Lección 2   **¿Cómo te llamas?**   너의 이름은 무엇이니?

이름과 출신 말하기 · 국적형용사
· ser de 용법
· 제1변화 규칙동사의 직설법 현재
· 동사 llamarse의 변화형

Lección 3   **¿Quién eres?**   너는 누구니?

신분과 직업 말하기 · 정관사 용법
사람 소개하기 · 형용사, 소유형용사, 소유대명사, 지시형용사
· 제2변화 규칙동사의 직설법 현재

선행학습

스페인어의 알파벳(Alfabeto)

대문자	소문자	명칭	
A	a	a	아
B	b	be	베
C	c	ce	쎄
D	d	de	데
E	e	e	에
F	f	efe	에훼
G	g	ge	헤
H	h	hache	아체
I	i	i	이
J	j	jota	호따
K	k	ka	까
L	l	ele	엘레
M	m	eme	에메
N	n	ene	에네
Ñ	ñ	eñe	에녜

대문자	소문자	명칭	
O	o	o	오
P	p	pe	뻬
Q	q	cu	꾸
R	r	ere(erre)	에레(에ㄹ레)
S	s	ese	에세
T	t	te	떼
U	u	u	우
V	v	uve/ve	우베/베
W	w	uve doble/ve doble	우베 도블레/베 도블레
X	x	equis	에끼스
Y	y	i griega	이 그리에가
Z	z	zeta	쎄따

스페인어의 알파벳은 1803년에 ch와 ll를 하나의 철자로 취급하여 29자로 확정하였다. 그러나 1994년 스페인 한림원(Real Academia Española)에서는 국제 기구의 요청을 수용하여 사전에서의 어휘 배열과 관련하여 ch로 시작하는 단어는 ce와 ci 사이에 위치시키며, ll로 시작하는 단어는 li와 lo 사이에 위치시키기로 하였다. 이는 ch와 ll를 더 이상 독립된 알파벳으로 간주하지 않겠다는 것이다. 그럼에도 불구하고 ch와 ll는 독립적인 음가를 가진다. k와 w는 외래어 문자표기에 사용된다. r의 '에ㄹ레' 발음은 떨어주는 진동음을 편의상 표시한 것이다.

모음과 자음의 발음(Pronunciación)

1. 모음

스페인어의 모음은 a, e, i, o, u 다섯 개이다. 이 중에서 a, e, o는 열린모음이고 i, u는 닫힌 모음이다.

a
〔아〕 발음한다.

casa [까사] 집   **cama** [까마] 침대

e
〔에〕 발음한다.

mesa [메사] 탁자   **esto** [에스또] 이것

i
〔이〕 발음한다.

ir [이르] 가다   **idea** [이데아] 생각

o
〔오〕 발음한다.

sol [솔] 태양   **solo** [솔로] 홀로

u
〔우〕 발음한다.

uno [우노] 하나   **luna** [루나] 달

2. 이중모음

이중모음이란 하나의 같은 음절에서 발음되는 두 모음의 결합을 말한다. 스페인어의 이중모음은 「열린모음 + 닫힌모음」, 「닫힌모음 + 열린모음」, 「닫힌모음 + 닫힌모음」으로 구성된다. 모두 14개의 이중모음이 있다.

「열린모음 + 닫힌모음」　ai, au, ei, eu, oi, ou

 aire ［아이레］ 공기   **au**tor ［아우또르］ 저자

 r**ei**na ［ㄹ레이나］ 왕비   d**eu**da ［데우다］ 빚

 b**oi**na ［보이나］ 베레모   C**ou**to ［꼬우또］ 꼬우또 (지명)

「닫힌모음 + 열린모음」　ia, ua, ie, ue, io, uo

 p**ia**no ［삐아노］ 피아노   ag**ua** ［아구아］ 물

 c**ie**lo ［씨엘로］ 하늘   p**ue**rta ［쁘에르따］ 문

 id**io**ma ［이디오마］ 언어   c**uo**ta ［꾸오따］ 몫, 회비

「닫힌모음 + 닫힌모음」　ui, iu

 c**ui**dado ［꾸이다도］ 주의   c**iu**dad ［씨우닫］ 도시

3. 삼중모음   iai, iei, uai, uei

삼중모음이란 하나의 같은 음절에서 발음되는 세 모음의 결합을 말한다. 삼중모음은 「닫힌모음 + 열린모음 + 닫힌모음」으로 구성되는데 열린모음이 음절의 중심이 된다.

estud iáis [에스뚜디아이스]   너희들은 공부한다.

estud iéis [에스뚜디에이스]   너희들은 공부한다. (접속법 2인칭 복수)

averig uáis [아베리구아이스]   너희들은 조사한다.

averig üéis [아베리구에이스]   너희들은 조사한다. (접속법 2인칭 복수)

▶ 여러 문법서에서 열린 모음을 강모음, 닫힌 모음을 약모음이라고 잘못 지칭하고 있다. 모음을 구분하는데 있어서 열린 모음, 닫힌 모음의 구분은 있어도, 강모음과 약모음의 구분은 존재하지 않는다. 따라서 본 교재에서는 열린 모음, 닫힌 모음이라는 용어를 사용한다.

4. 자음

모음 a, e, i, o, u를 제외한 나머지 문자들은 모두 자음이다.

b [ㅂ]처럼 발음한다.

barco [바르꼬] 배, 선박   **beso** [베소] 키스
biblia [비블리아] 성서   **bobo** [보보] 바보
burla [부를라] 조롱, 야유

---

c a, o, u 앞이나 자음 앞에서 [ㄲ]처럼 발음하고, e, i 앞에서 [ㅆ]처럼 발음한다.

casa [까사] 집   **colegio** [꼴레히오] 학교
Cuba [꾸바] 쿠바   **clima** [끌리마] 기후
actor [악또르] 배우   **cero** [쎄로] 영, 제로
cine [씨네] 영화관

▶ 스페인에서는 대체로 ce/ci는 치간음 [θ]로 발음하고, 중남미의 대다수 지역에서는 [s]로 발음한다.

복합 철자 ch는 고유의 음가를 가지고 있어서 a, e, i, o, u 앞에서 [ㅊ]처럼 발음한다.

chao [차오] 안녕 (작별인사)   **cheque** [체께] 수표
chico [치꼬] 소년   **chorizo** [쵸리쏘] 소시지
churro [츄르로] 츄로 (튀김 과자, 츄러스)

▶ ch는 1994년까지 스페인어 알파벳의 공식적인 4번째 철자였다. 그러나 1994년 이후 ch로 시작되는 단어는 C에 포함된 것으로 간주한다.

d

〔ㄷ〕처럼 발음한다.

dado [다도] 주사위   **dedo** [데도] 손가락

dinero [디네로] 돈   **dolor** [돌로르] 고통

duda [두다] 의심

---

f

영어의 〔f〕 발음처럼 입술을 가볍게 물며 발음한다.

familia [파밀리아] 가족   **fe** [풰] 믿음, 신념

fin [퓐] 끝   **foto** [포토] 사진

fuego [푸에고] 불

---

g

a, o, u 앞이나 자음 앞에서 〔ㄱ〕처럼 발음하고, e, i 앞에서 〔ㅎ〕처럼 발음한다.

gato [가또] 고양이   **gorila** [고릴라] 고릴라

agua [아구아] 물   **digno** [디그노] 품위 있는

gritar [그리따르] 소리치다   **gente** [헨떼] 사람

gigante [히간떼] 거인

복합철자 gu도 e, i 앞에서 〔ㄱ〕처럼 발음한다. 그리고 u위에 음가부호(¨)가 있는 'güe', 'güi'의 경우 각각 〔구에〕, 〔구이〕로 발음한다.

guerra [게ㄹ라] 전쟁   **guitarra** [기따ㄹ라] 기타

vergüenza [베르구엔사] 부끄러움   **lingüística** [링구이스띠까] 언어학

---

h

발음되지 않는 무성음이다.

harina [아리나] 밀가루   **helado** [엘라도] 아이스크림

hijo [이호] 아들   **hoy** [오이] 오늘

humor [우모르] 유머

j

[ㅎ]처럼 발음한다. 목 안쪽에서부터 강하게 발음한다.

jamón [하몬] 햄   **jerez** [헤레쓰] 셰리주

jirafa [히라파] 기린   **joven** [호벤] 젊은이

juego [후에고] 경기

k

[ㄲ]처럼 발음한다. 원래 스페인어에는 없는 문자로 외래어 표기에 사용한다.

kaki [까끼] 카키색, 감   **kilogramo** [낄로그라모] 킬로그램

kilómetro [낄로메뜨로] 킬로미터   **koala** [꼬알라] 코알라

l

[ㄹ]처럼 발음한다.

lámpara [람빠라] 램프   **lejos** [레호스] 멀리

libro [리브로] 책   **loco** [로꼬] 미친

luna [루나] 달

ll는 1994년까지 스페인어 알파벳의 공식적인 14번째 철자였다. 그러나 1994년 이후 ll로 시작되는 단어는 L에 포함된 것으로 간주한다. 복합철자 ll는 고유의 음가를 갖고 있어 a, e, i, o, u와 함께 다음과 같이 발음한다.

lla 〔야〕, lle 〔예〕, lli 〔이〕, llo 〔요〕, llu 〔유〕처럼 발음한다.

llave [야베] 열쇠   **calle** [까예] 거리

allí [아이] 저기   **caballo** [까바요] 말

lluvia [유비아] 비

▶ 복합철자 ll는 지역에 따라 발음이 약간 다르다. 예로, calle의 경우 스페인 대부분의 지역에서는 [까(이)예]로 발음하고, 중남미 지역에서는 대체로 [까(이)제]라고 발음한다.

〔ㅁ〕처럼 발음한다.

mamá [마마] 엄마   **mente** [멘떼] 마음, 정신

mismo [미스모] 똑같은   **moda** [모다] 유행

mucho [무쵸] 많은

n

〔ㄴ〕처럼 발음한다.

nariz [나리쓰] 코   **negro** [네그로] 검은

nieve [니에베] 눈   **noche** [노체] 밤

nuevo [누에보] 새로운

c, g, j, q 앞에 올 때는 〔ŋ〕 발음이 나온다.

blanco [블랑꼬] 하얀   **sangre** [상그레] 피

granja [그랑하] 농장   **tanque** [땅께] 탱크

ñ　　ña 〔냐〕, ñe 〔녜〕, ñi 〔니〕, ño 〔뇨〕, ñu 〔뉴〕처럼 발음한다.

España [에스빠냐]　스페인　　　　**año** [아뇨]　년, 해

niño [니뇨]　어린아이　　　　**pañuelo** [빠뉴엘로]　손수건

---

p　　〔ㅃ〕처럼 발음한다.

palabra [빨라브라]　말　　　　**pero** [뻬로]　그러나

piano [삐아노]　피아노　　　　**pobre** [뽀브레]　가난한

pulso [뿔소]　맥박

---

q　　ue와 함께 〔께〕로, ui와 함께 〔끼〕로 발음한다.

ataque [아따께]　공격　　　　**queso** [께소]　치즈

quizás [끼싸스]　아마도　　　　**máquina** [마끼나]　기계

aquí [아끼]　여기

---

r　　〔ㄹ〕처럼 발음한다. 모음 사이에서 그리고 br, cr, dr, fr, gr, kr, pr, tr에서 단순 진동음으로 발음된다.

cara [까라]　얼굴　　　　**caro** [까로]　비싼

brazo [브라쏘]　팔뚝　　　　**crema** [끄레마]　크림

drama [드라마]　드라마　　　　**fresa** [프레사]　딸기

grande [그란데]　거대한　　　　**Kremlin** [끄렘린]　크레믈린

prado [쁘라도]　목장　　　　**traje** [뜨라헤]　옷

단어의 처음 그리고 같은 음절에 속하지 않는 자음(l, n, s) 뒤에서 복합 진동음([ㄹ]발음을 떨어줌)으로 발음된다.

razón [ㄹ라쏜] 이유　　　　**regla** [ㄹ레글라] 규칙

rico [ㄹ리꼬] 부유한　　　**rosa** [ㄹ로사] 장미

rumor [ㄹ루모르] 루머　　　**honra** [온ㄹ라] 면목

alrededor [알ㄹ레데도르] 주위에　　**Israel** [이스ㄹ라엘] 이스라엘

복합 철자 rr는 복합 진동음으로 발음한다. 단어의 첫머리에 오는 경우가 없으며, 항상 모음 사이에 나타난다.

perro [뻬ㄹ로] 개　　　　**carro** [까ㄹ로] 카트

torre [또ㄹ레] 탑

---

s 〔ㅅ〕보다 강하게 발음한다. 경우에 따라 〔ㅆ〕으로 발음되기도 한다.

sábado [사바도] 토요일　　**serio** [세리오] 진지한

sí [시] 예　　　　　　**sobre** [소브레] 봉투

casi [까씨] 거의

---

t 〔ㄸ〕처럼 발음한다.

tango [땅고] 탱고　　　**techo** [떼쵸] 천장

tigre [띠그레] 호랑이　　**todo** [또도] 모두

turismo [뚜리스모] 관광

V

〔ㅂ〕처럼 발음한다. b의 경우와 발음이 같다.

vaca [바까] 암소   **verde** [베르데] 푸른

vida [비다] 인생, 삶   **voz** [보쓰] 소리

vuelo [브엘로] 비행

W

외래어를 표기할 때 사용한다. 대체로 영어 기원의 단어는 〔u〕로 발음하고 독일어 기원의 단어는 〔b〕로 발음한다.

whisky [위스끼] 위스키   **wagneriano** [바그네리아노] 바그너 풍의

X

모음 사이에서 또는 음절의 마지막 위치에서 〔ks〕/〔gs〕로 발음한다.

examen [엑사멘] 시험   **boxeo** [복세오] 권투

excelente [엑쎌렌떼] 우수한

단어의 첫머리에서는 〔s〕로 발음한다.

xenofobia [쎄노포비아] 외국인 배척   **xilófono** [씰로포노] 실로폰

음절의 끝에서는 지역에 따라 〔s〕 또는 〔ks/gs〕로 발음되는데, 대개는 〔s〕 발음 경향이 두드러진다.

extranjero [에스뜨랑헤로] 외국인   **extraño** [에스뜨라뇨] 이상한

중남미 몇몇 지명의 경우 〔ㅎ〕으로 발음한다.

México [메히꼬] 멕시코   **Texas** [떼하스] 텍사스

y

ya 〔야〕, ye 〔예〕, yi 〔이〕, yo 〔요〕, yu 〔유〕처럼 발음한다.

ya [야] 이미, 벌써 　　　　**ayer** [아예르] 어제

yo [요] 나 　　　　**ayuda** [아유다] 도움

독립적으로 쓰이거나 단어의 끝에 올 경우 〔i〕로 발음한다.

y [이] 그리고 　　　　**ley** [레이] 법률

---

z

〔θ〕 발음으로 혀를 위, 아래 사이에 약간 내놓고 발음한다. 반면에 중남미 대부분의 지역에서는 〔s〕로 발음한다.

zapato [싸빠또] 구두 　　　　**Zeus** [쎄우스] 제우스신

zigzag [씨그싸그] 곡절, 지그재그 　　　　**zorro** [쏘로] 여우

zumo [쑤모] 주스

음절분해

음절이란 한 번에 발음할 수 있는 음을 말한다. 음절분해는 발음의 정확성을 기하고 악센트의 위치를 밝히는 데 사용된다. 음절의 중심은 모음이고 자음은 독립된 음절을 이룰 수 없다. 음절분해를 할 때 이중모음과 삼중모음은 한 개의 모음으로 취급되어 분리되지 않는다. 이중자음(bl, br, cl, cr, dr, fl, fr, gl, gr, pl, pr, tr)도 한 개의 자음으로 간주되어 분리되지 않는다. 또한 복합 철자인 ch, ll, rr도 음절분해를 할 때 분리되지 않는다.

1. 모음과 모음 사이에 있는 한 개의 자음은 뒤의 음절에 붙는다.

cabeza : ca - be - za	**manera : ma - ne - ra**
otro : o - tro	**ocho : o - cho**

2. 모음과 모음 사이에 있는 두개의 자음은 각각 앞뒤의 음절에 붙는다.

arma : ar - ma	**excelente : ex - ce - len - te**
siempre : siem - pre	**complicado : com - pli - ca - do**

3. s 직후에 자음이 오면 그 s는 앞의 음절에 붙는다.

obstáculo : obs - tá - cu - lo	**constante : cons - tan - te**

4. 연속된 열린모음(a, e, o)은 분리된다. 또한 이중모음이라 하더라도 닫힌모음(i, u) 위에 악센트 부호가 있으면 분리된다.

leer : le - er	**nao : na - o**
tío : tí - o	**oído : o - í - do**
teatro : te - a - tro	**veo : ve - o**

5. 접두어가 있는 단어는 접두어를 분리시킬 수도 있고, 음절 분해 규칙을 따를 수도 있다.

bisabuelo : bis - a - bue - lo	**desagradable : des - a - gra - da - ble**
bi - sa - bue - lo	**de - sa - gra - da - ble**

▶ 음절 분해 규칙에 예외적인 경우가 있다. 하나의 단어를 나누어 다음 줄에 이어서 쓸때, 단어의 첫모음으로 줄을 끝내거나 마지막 모음으로 새롭게 시작할 수 없다. 즉, 모음 단독으로 줄의 처음이나 끝에 있을 수 없다.

악센트

스페인어에 있어 악센트는 대단히 중요하다. 부정확한 악센트는 전혀 다른 뜻의 말로 들려 이해하기 곤란하기 때문이다. 음절의 중심이 모음에 있는 것과 마찬가지로 악센트의 위치도 항상 음절중의 모음에 있으며, 이중모음인 경우는 열린모음에, 연속된 닫힌모음의 경우는 뒷모음에 악센트가 오게 된다. 악센트가 있는 곳은 강하게 발음해야 한다.

1. 모음과 자음 n, s로 끝나는 단어는 끝에서 두 번째 음절의 모음에 악센트가 있다.

casa	**ruido**	**chimenea**
antiguo	**orden**	**jueves**

2. n, s를 제외한 모든 자음으로 끝나는 단어는 맨 마지막 음절의 모음에 악센트가 있다.

pared	**profesor**	**ciudad**
hablar	**papel**	**moral**

3. 위의 규칙적인 경우 이외의 불규칙한 악센트를 가지는 단어들은 암기할 수밖에 없다.

corazón	**rubí**	**árbol**
huésped	**nación**	**papá**

▶ i 위에 불규칙하게 악센트 부호가 올 때는 í로 표기해야 한다. 대문자의 경우에도 악센트가 불규칙하게 올 경우 악센트를 찍어야 한다.

ÁFRICA	**BOGOTÁ**
PERÚ	**LÓPEZ**

회화와 문법

Lección

1

¡Hola! Buenos días.

만나고 헤어질 때 인사하기
처음 만났을 때 인사하기

인칭대명사 주격
동사 ser / estar의 변화형과 용법

Diálogo 1

Carlos	**¡Hola, Ana! Buenos días.**
	안녕! 아나.

Ana	**¡Hola, Carlos! Buenos días.**
	안녕! 까를로스.

Carlos	**¿Qué tal?**
	어떻게 지내?

Ana	**Bien, gracias. Y tú, ¿cómo estás?**
	좋아, 고마워. 너는 어떻게 지내니?

Carlos	**Yo también muy bien.**
	나 역시 아주 좋아.

....

Ana	**¡Hasta luego!**
	나중에 보자.

Carlos	**Adiós. ¡Hasta pronto!**
	안녕. 나중에 보자.

¡hola! 안녕! | **bueno/a** 좋은 | **día** 일, 낮, 주간 / **¡Buenos días!** 안녕하세요. (아침 인사로 점심 식사가 시작되는 2시경까지 사용) | **qué** 무슨, 어떤 (의문형용사), 무엇, 무슨 일 (의문대명사) | **tal** 그런 것, 그런 짓 (대명사), 그렇게, 그런 식으로 (부사) / **¿Qué tal?** 어떻게 지내? | **bien** 잘, 훌륭하게 | **gracias** 고마워, 감사합니다 | **y** 그리고 | **tú** 너 | **cómo** 어떻게 (의문부사) | **estás** (~상태에) 있다 (동사 estar 의 직설법 현재 2인칭 단수) / **¿Cómo estás?** 너는 어떻게 지내니? | **yo** 나 | **también** 또한, ~도 역시 | **muy** 매우, 대단히 / **Muy bien.** 매우 좋아 | **adiós** 안녕 | **hasta** ~까지 | **luego** 곧, 바로 / **Hasta luego.** 나중에 만나요. | **pronto** 곧 / **Hasta pronto.** 나중에 만나요.

María	**¡Hola! Buenas tardes.** 안녕!
Carlos	**¡Hola! Buenas tardes.** 안녕!
María	**¿Eres Carlos?** 네가 까를로스니?
Carlos	**Sí, soy Carlos.** 그래, 나는 까를로스야.
María	**Yo soy María. Encantada.** 나는 마리아야. 만나서 반가워.
Carlos	**Mucho gusto.** 만나서 반가워.

tarde 오후 / ¡Buenas tardes! 안녕하세요. (오후 인사로 오후 2시부터 저녁 8~9시경까지 사용) **| noche** 밤, 저녁 / ¡Buenas noches! 안녕하세요. 안녕히 주무세요. (저녁 인사로 저녁 9시 이후에 사용) **| eres** ~이다 (동사 ser의 직설법 현재 2인칭 단수) **| sí** 네 **| soy** ~이다 (동사 ser의 직설법 현재 1인칭 단수) **| mucho/a** 많은 **| gusto** 기쁨 / Mucho gusto. 만나서 반가워요. **| encantado/a** 매혹적인 / Encantado/a. 만나서 반가워요. (남성인 경우 Encantado, 여성인 경우 Encantada를 사용)

	스페인어에서 감탄부호는 감탄문의 앞뒤에 사용해야 하며 앞에 붙는 감탄부호는 거꾸로 쓴다. 의문부호도 의문문의 앞뒤에 사용해야 하며 앞에 붙는 의문부호는 거꾸로 쓴다.
도우미	스페인에서 ¡Hola!라는 인사는 아는 사람이든 모르는 사람이든 서로 마주치게 되면 가벼운 인사로 사용한다. 스페인 사람들은 인사를 할 때 서로 가볍게 양 뺨을 맞대며, 입으로 '쪽' 소리를 낸다(**dos besitos**). 대부분 남자들끼리는 악수로 인사를 하지만, 여자와 여자 그리고 남자와 여자 사이에는 대개 이런 식으로 인사를 한다.

인칭대명사 주격

	단수		복수	
1인칭	**yo**	나	**nosotros**	우리들
2인칭	**tú**	너	**vosotros**	너희들
3인칭	**él**	그	**ellos**	그들
	ella	그녀	**ellas**	그녀들
	usted	당신	**ustedes**	당신들

1. 인칭대명사

인칭대명사란 화자, 청자 또는 그 이외의 사람이나 사물의 이름을 대신하는 대명사를 말한다. 인칭 대명사 주격은 문장의 주어 역할을 한다. 인칭대명사 usted은 의미상 2인칭이지만 문법적으로는 3인칭으로 간주된다. 따라서 usted의 동사 변화형은 3인칭을 사용한다. Usted/Ustedes는 약자를 사용하기도 한다. Usted은 약자로 Ud.과 Vd.을 사용하고, Ustedes는 약자로 Uds.와 Vds.를 사용한다. 약자에는 항상 마침표를 찍는다. "우리들"과 "너희들"의 구성원이 모두 여성이면 nosotras, vosotras로 사용한다.

2. tú와 usted의 사용

tú는 친구, 가족, 잘 알고 있는 사이 또는 비공식적인 경우에 사용한다. 반면, usted은 공식적인 자리, 존중, 예의를 표해야하는 경우 또는 상대방을 잘 모르는 경우에 사용한다. 여기서 말하는 존중이나 예의는 나이나 신분의 고하에 따른 것이 아니라 자신과의 친밀감이나 애정의 정도 차이를 말하는 것이다. 따라서 우리나라 사람들이 생각하는 존대말·반말과는 다르다. 부모와 자식 간이라 하더라도 가족이라는 친밀감이 크므로 서로 tú를 사용한다. 즉, 스페인어 사용 지역에서는 서로 친밀하고 깊이 결속되어 있다고 느끼면 지위에 관계없이 tú의 사용이 일반적이라 할 수 있다.

▶ 아르헨티나, 파라과이, 우루과이 등의 지역에서는 tú 대신 vos를 사용하곤 한다. 또한, 중남미 국가들에서는 대체로 vosotros를 사용하지 않는다. 따라서 tú, usted, vosotros의 복수형으로 ustedes를 사용한다.

동사 ser/estar의 변화형과 용법

1. 동사 ser의 직설법 현재형

	단수		복수	
1인칭	yo	soy	nosotros	somos
2인칭	tú	eres	vosotros	sois
3인칭	él		ellos	
	ella	es	ellas	son
	usted		ustedes	

▶ 직설법이란 단순히 있는 사실을 객관적으로 서술하는 법을 말한다. 이외에도 스페인어에는 접속법(Lección 12 참조)과 명령법(Lección 13 참조)이 있다.

동사 ser는 주어의 본질을 나타내는 명사나 형용사를 주어와 연결시키는 기능을 한다. 따라서 주어의 신분이나 직업을 말할 때 사용된다(나는 ~입니다). 인칭대명사 주격은 동사를 통해 알 수 있는 1, 2 인칭의 경우 생략하는 것이 일반적이다. 주어를 알고 있는데도 사용하면 강조하는 경우가 된다.

¿Eres (tú) Carlos?   네가 까를로스니?

Sí, (yo) soy Carlos.   그래, 나는 까를로스야.

Ella es María.   그녀는 마리아입니다.

¿Es usted profesor?   당신은 교수/선생님입니까?

Sí, soy profesor.   네, 나는 교수/선생님입니다.

María es bonita.   마리아는 예쁘다.

Nosotros somos estudiantes.   우리들은 학생들입니다.

도우미 1   형용사는 명사를 직접 수식할 때 명사의 성 · 수에 일치해야 하며, 보어로 쓰일 경우 주어의 성 · 수에 일치해야 한다. ▶ **Lección 3 · 5 참조**

Buenos días.   안녕하세요.

Buenas tardes.   안녕하세요.

Ellas son bonitas.   그녀들은 예쁘다.

María está enferma.   마리아는 아프다.

도우미 2   평서문의 경우「주어 + 동사 + 보어」의 어순을 가진다. 의문사가 사용되지 않는 의문문을 만들려면 주어와 동사의 어순을 바꾸어 놓거나 어순을 바꾸지 않은 평서문의 어순으로 문장의 뒷부분을 올려 읽으면 의문문이 된다. 의문사가 사용된 의문문의 경우「의문사 + 동사 + 주어」의 어순을 가진다. 스페인어에서 의문부호는 의문문의 앞뒤에 사용해야 하는데 앞에 붙는 의문부호는 거꾸로 쓴다.

¿Usted es profesor? / ¿Es usted profesor?   당신은 교수/선생님입니까?

Sí, soy profesor.   네, 나는 교수/선생님입니다.

¿Qué tal (estás tú)?   너는 어떻게 지내니?

2. 동사 estar의 직설법 현재형

	단수		복수	
1인칭	yo	estoy	nosotros	estamos
2인칭	tú	estás	vosotros	estáis
3인칭	él		ellos	
	ella	está	ellas	están
	usted		ustedes	

❶ 동사 estar는 주어의 상태를 나타낸다. 따라서 안부를 묻는 인사를 할 때 사용된다.

¡Hola, Carlos! ¿Cómo estás?   안녕! 까를로스. 어떻게 지내니?

Estoy muy bien, gracias, ¿y tú?   아주 잘 지내, 고마워, 너는 어때?

Yo también muy bien.   나 역시 아주 잘 지내.

¿Cómo está ella?   그녀는 어떻게 지냅니까?

Ella está enferma.   그녀는 아파요.

❷ 동사 estar는 위치를 표현할 때 '~에 있다' 라는 의미로 사용된다.

Estoy en casa.   나는 집에 있다.

Estamos aquí.   우리들은 여기에 있습니다.

다음 보기와 같이 동사 ser를 사용하여 빈칸을 채우시오.

Carmen (es) estudiante.

1. Yo _________ Minsu.
2. Ella _________ estudiante.
3. Él _________ Carlos.
4. Usted _________ profesor.
5. María y Ana _________ alumnas.

다음을 바르게 연결해 보시오.

1. ¿Cómo estás? ·   · a Encantado.
2. ¡Hola, Carlos! ·   · b Sí, soy Carlos.
3. Hasta luego. ·   · c ¡Hola, Ana!
4. Mucho gusto. ·   · d Adiós. Hasta pronto
5. ¿Eres tú Carlos? ·   · e Bien, gracias. ¿Y tú?

정열(pasión)과 예술의 나라 스페인

우리나라와 마찬가지로 반도에 위치한 스페인은 사람들의 성격이 매우 낙천적이고 인생을 즐기는 편이다. 스페인의 상징 중의 하나라고 할 수 있는 태양(sol)은 그들의 삶의 형태와도 밀접하다고 할 수 있다. 스페인하면 우선 떠오르는 인물은 세비야의 이발사에 등장하는 카르멘(Carmen)과 풍차를 향해서 달려가는 돈키호테(Don Quijote)이다. 또한 스페인은 스페인 내란(guerra civil española) 중에 나치의 폭격을 고발한 작품인 〈게르니카(Guernika)〉의 피카소(Pablo Picasso), 2004년에 탄생 100주년을 맞는 천재 화가 달리, 앞으로 적어도 150년은 있어야 완공될 성가족교회(La Sagrada Familia)의 가우디(Antoni Gaudi)를 비롯한 세계적인 예술가를 배출한 나라이다. 이외에도 현재 플라시도 도밍고(Plácido Domingo), 호세 카레라스(José Carerras)와 같은 세계적인 성악가가 활동하고 있다. 주말에는 동네의 바에 여러 사람이 모여서 축구경기를 관람하면서 시간을 보내는 사람이 많으며 마드리드의 레알 마드리드(Real Madrid)팀과 바르셀로나의 F.C 바르셀로나팀의 인기는 매우 높다. 유럽에서 역사가 매우 깊은 살라망카 대학(Universidad de Salamanca)이 있다. 남쪽에 위치한 세비야(Sevilla)의 봄 축제(Feria de Abril)도 유명하고 우리에게 친숙한 플라멩코춤은 안달루시아 지역 사람들의 정열이 담겨있는 춤이다.

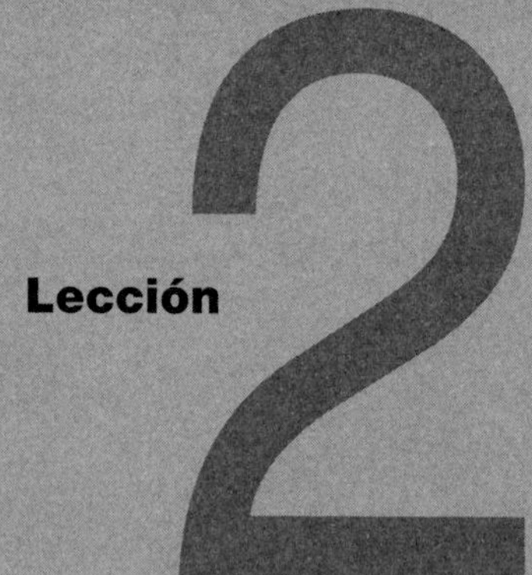
Lección
2

¿Cómo te llamas?

이름과 출신 말하기

국적형용사
ser de 용법
제1변화 규칙동사의 직설법 현재
동사 llamarse의 변화형

Diálogo 1

Carlos
¡Hola!
안녕!

María
¡Hola! Yo soy María. ¿Cómo te llamas?
안녕! 나는 마리아야. 너의 이름은 무엇이니?

Carlos
Me llamo Carlos. ¿Eres estudiante?
나의 이름은 까를로스야. 너는 학생이니?

María
Sí, soy estudiante. ¿Y tú?
그래, 나는 학생이야. 너는?

Carlos
Yo también. ¿Eres de México?
나 역시 학생이야. 너 멕시코 출신이니?

María
No, no soy de México. Soy de Colombia.
아니, 나는 멕시코 출신이 아니야. 콜롬비아 출신이야.

Y tú, ¿de dónde eres?
그런데, 너는 어디 출신이니?

Carlos
Soy español, de Madrid.
나는 스페인 사람이고, 마드리드 출신이야.

María
Encantada.
만나서 반가워.

Carlos
Mucho gusto.
만나서 반가워.

---

te 너 자신을 (재귀대명사) | **llamas** 부르다 (동사 llamar의 직설법 현재 2인칭 단수) | **me** 나 자신을 (재귀대명사) | **llamo** 부르다 (동사 llamar의 직설법 현재 1인칭 단수) | **estudiante** 학생 | **de** ~의, ~로부터 / ¿Eres de México? 너는 멕시코 출신이니? | **soy de...** 나는 ~출신이다 | **dónde** 어디(에) (의문부사) / ¿De dónde eres? 너는 어디 출신이니? | **español** 스페인 사람, 스페인어

Juan ― **¡Hola, alumnos! Yo soy Juan, profesor de español.**
안녕하세요, 학생 여러분! 나는 스페인어 교수 후안입니다.

Mucho gusto.
만나서 반가워요.

Alumnos ― **Mucho gusto.**
만나서 반갑습니다.

Juan ― **¿Cómo te llamas?**
너는 이름이 무엇이니?

María ― **Me llamo María.**
저는 마리아입니다.

Juan ― **¿Y tu nombre?**
네 이름은?

Minsu ― **Mi nombre es Minsu.**
제 이름은 민수입니다.

Juan ― **¿Eres japonés?**
일본 사람이니?

Minsu ― **No, no soy japonés. Soy coreano, de Seúl.**
아니요, 저는 일본사람이 아닙니다. 한국사람이고, 서울 출신입니다.

Juan ― **¿Hablas bien español, verdad?**
스페인어를 잘 하는구나. 그렇지?

Minsu ― **Sí, pero sólo un poco.**
네, 하지만 단지 조금할 줄 압니다.

Juan ― **Muy bien. ¡Bienvenidos a mi clase!**
아주 좋아요. 제 수업에 환영합니다!

---

alumnos (남)학생들 / cf. **alumnas** 여학생들 | **profesor** 남선생님, 남자 교수님 / cf. **profesora** 여선생님, 여자 교수님 | **tu** 너의 (소유형용사) | **nombre** 이름 | **mi** 나의 (소유형용사) | **japonés** 일본사람, 일본어 | **no** 아니오 | **coreano** 한국사람, 한국어 | **Seúl** 서울 | **hablas** 말하다 (동사 hablar의 직설법 현재 2인칭 단수) | **verdad** 진실, 사실 / ¿**Verdad**? 사실이지?, 그렇지? | **el** 남성정관사 단수형 / **el español** 스페인어 | **sólo** 단지, 오직 | **un poco** 약간, 조금 | **bienvenido** 환영 | **a** ~에 (전치사) | **clase** 수업

국가명 및 국적형용사

국가명	남성형	여성형
Corea	coreano	coreana
España	español	española
(los) Estados Unidos	estadounidense	estadounidense
Inglaterra	inglés	inglesa
Japón	japonés	japonesa
China	chino	china

▶ 부록을 참조하세요.

1. 국적형용사는 "어느 나라의"라는 뜻을 가지며, 또한 명사로도 쓰여 "어느 나라 사람" 또는 "어느 나라 말"을 뜻한다.

Yo soy profesor coreano.   나는 한국인 선생입니다.

Yo soy coreano.   나는 한국인입니다.

María habla coreano.   마리아는 한국어를 말할 줄 압니다.

2. 국적형용사와 명사는 남성과 여성의 구분이 있으며, 주어 명사의 성 · 수에 일치해야 한다.

Él es español.   그 남자는 스페인 사람입니다.

María es española.   마리아는 스페인 사람입니다.

Minsu es coreano.   민수는 한국인입니다.

Ellas son coreanas.   그녀들은 한국인입니다.

Ser de 용법

1. 출신을 표현할 때 쓰인다.

¿De dónde eres?　너는 어느 나라 출신이니?

Soy de Corea.　저는 한국 출신입니다.

¿De dónde son ellos?　그들은 어느 나라 출신입니까?

Ellos son de España.　그들은 스페인 출신입니다.

¿Eres de Inglaterra?　너는 영국 출신이니?

Sí, soy inglés, de Londres.　네, 저는 영국인이고 런던 출신입니다.

2. 사물의 재료를 표현할 때 쓰인다.

¿De qué es la mesa?　탁자는 무엇으로 만든 것입니까?

La mesa es de madera.　탁자는 나무로 만든 것입니다.

El reloj es de oro.　그 시계는 금으로 만든 것입니다.

¿De dónde es el televisor?　그 TV는 어느 나라 제품입니까?

Es de Corea.　한국제입니다.

▶ el : 정관사 남성 단수형
  la : 정관사 여성 단수형 (Lección 3 참조)

제1변화 규칙동사의 직설법 현재

어미가 '-ar'로 끝나면서 아래 도표에서와 같이 규칙적으로 어미가 변화하는 동사들을 제 1변화 규칙동사라 한다.

hablar(말하다)의 직설법 현재형

	단수	복수
1인칭	hablo	hablamos
2인칭	hablas	habláis
3인칭	habla	hablan

¿Hablas tú español?   너는 스페인어를 할 줄 아니?

No, no hablo español.   아니, 스페인어를 할 줄 모른다.

Hablo inglés y coreano.   나는 영어와 한국어를 할 줄 안다.

Ella habla coreano.   그녀는 한국어를 할 줄 안다.

▶ 부정문은 긍정문의 동사 앞에 부정어 no를 놓으면 된다.

다음의 동사들은 hablar와 같은 어미 변화를 하는 제 1변화 규칙동사들이다.

cantar 노래하다	**comprar** (물건을) 사다	**preguntar** 질문하다
contestar 대답하다	**estudiar** 공부하다	**llamar** 부르다, 호출하다

동사 llamar(se)의 변화형

	단수	복수
1인칭	me llam**o**	nos llam**amos**
2인칭	te llam**as**	os llam**áis**
3인칭	se llam**a**	se llam**an**

동사 llamar(부르다)는 재귀대명사 se(me 나 자신을/에게, te 너 자신을/에게, se 그 남자, 그녀, 당신 자신을/에게, nos 우리 자신을/에게, os 너희들 자신을/에게, se 그 남자들, 그 여자들, 당신들 자신을/에게)와 함께 재귀동사를 구성한다. 「llamarse + 이름 명사」는 "자기 자신을 ~라고 부르다"라는 표현, 즉 이름을 말할 때 사용한다. ▶ Lección 9 참조

¿Cómo te llamas?　너는 이름이 뭐니? (너는 너를 뭐라고 부르니?)

Me llamo Juan.　나는 후안이라고 합니다.

¿Cómo se llama usted?　당신은 이름이 무엇입니까?

Me llamo Teresa.　나는 떼레사라고 합니다.

이름을 묻고 대답할 때 다음과 같은 표현도 가능하다.

¿Cuál es tu nombre?　너의 이름은 무엇이니?

Mi nombre es Elena.　나의 이름은 엘레나야.

다음의 보기와 같이 대답해 보시오.

> ¿De dónde es María? / España.　　María es de España. Es española.

1. ¿De dónde eres? / Corea.
2. ¿De dónde son ellos? / China.
3. ¿De dónde es Luis? / México.
4. ¿De dónde son ustedes? / Cuba.
5. ¿De dónde sois? / Japón.

다음을 바르게 연결해 보시오.

1. ¿Eres de México?
2. ¿Eres coreano?
3. ¿Cómo se llama él?
4. ¿De dónde eres?
5. ¿Cuál es tu nombre?

a Mi nombre es Elena.
b Soy español, de Madrid.
c Sí, soy coreano.
d Se llama Juan.
e No, no soy de México.

스페인어를 사용하는 나라

국명	수도	인구	화폐
España	Madrid	3,930	Euro
Venezuela	Caracas	2,190	Bolívar
México	México D.F.	9,577	Peso
Colombia	Bogotá	3,680	Peso
Guatemala	Ciudad de Guatemala	1,100	Quetzal
Ecuador	Quito	1,156	Sucre
Honduras	Tegucigalpa	580	Lempira
Perú	Lima	2,452	Nuevo Sol
Nicaragua	Managua	427	Córdoba
Bolivia	La Paz	720	Boliviano
El Salvador	San Salvador	582	Colón
Chile	Santiago	1,400	Peso
Costa Rica	San José	350	Colón
Paraguay	Asunción	550	Guaraní
Panamá	Ciudad de Panamá	265	US.dollar
Uruguay	Montevideo	320	Peso
Cuba	Habana	1,100	Peso
Argentina	Buenos Aires	3,400	Peso
República Dominicana	Santo Domingo	808	Peso
(Los) Estados Unidos	Washington	4,000	US. dollar
Puerto Rico(미국의 특별 자치주)	San Juan	382	US. dollar

인구 : 만명(1995년 기준) (http://www.census.gov에서 발췌)

스페인의 화폐 단위는 2001년 12월까지 '뻬세따' (Peseta)를 사용하였지만 2002년 1월부터는 '에우로' (Euro)로 바뀌었다. 유럽 연합(Unión Europea)의 국가들 중에서 영국, 스웨덴, 덴마크를 제외한 12개국-스페인, 포르투갈, 프랑스, 독일, 이탈리아, 벨기에, 네덜란드, 오스트리아, 룩셈부르크, 핀란드, 아일랜드, 그리스-에서 유로화를 단일 통화로 공식 채택하였다.

Lección **3**

¿Quién eres?

Carmen
¿Quién eres?
너는 누구니?

Juan
Soy Juan. ¿Y tú?
나는 후안이야. 너는?

Carmen
Yo soy Carmen.
나는 까르멘이야.

Juan
Y esta chica, ¿quién es?
그리고, 이 소녀는 누구니?

Carmen
Es Ana. Es mi amiga.
아나야. 내 친구야.

Juan
¿Qué eres?
너는 뭐하니?

Carmen
Soy estudiante de español. ¿Y tú?
나는 스페인어를 배우는 학생이야. 너는?

Juan
Yo también soy estudiante de español. ¿Y qué es Ana?
나 역시 스페인어를 배우는 학생이야. 그리고 아나는 뭐하니?

Carmen
Es secretaria de la universidad.
대학교의 비서야.

Juan
Entonces, ¿quién es aquel señor?
그런데, 저 분은 누구니?

Carmen
Es Manuel. Es médico. Aprende español en este curso.
마누엘이고 의사야. 이 과정에서 스페인어를 배워.

Juan
Y aquella chica, ¿quién es?
그리고 저 소녀는 누구니?

Carmen
Es María. Es enfermera. Ella también aprende español aquí.
마리아이고 간호사이야. 그녀 역시 여기에서 스페인어를 배워.

Diálogo 2

Miguel	**¡Hola! Buenas tardes.**
	안녕!

Isabel	**Buenas tardes.**
	안녕!

Miguel	**¿Quién es nuestro profesor?**
	누가 우리의 선생님이시니?

Isabel	**El señor Martínez es nuestro profesor.**
	마르띠네스 씨가 우리의 선생님이야.

Miguel	**¿Cómo es el señor Martínez?**
	마르띠네스 씨는 어떠니?

Isabel	**Es bajo, un poco gordo y muy simpático.**
	키가 작고 약간 뚱뚱하고 매우 친절하셔.

Miguel	**¿Es español o sudamericano?**
	스페인 사람이니 중남미 사람이니?

Isabel	**Es español, de Madrid.**
	스페인 사람이고 마드리드 출신이셔.

---

quién 누구 (의문대명사) / ¿Quién eres tú? 너는 누구니? **|esta** 이 (지시형용사 여성 단수형) / ¿Qué eres? 직업이 무엇이니? **| chica** 소녀 / cf. chico 소년 **|amiga** 여자 친구 / cf. amigo 남자 친구 **|estudiante de español** 스페인어를 배우는 학생 **| secretaria** 비서 **|la** 정관사 (여성 단수형) **|universidad** 대학 **|aquel** 저 (지시형용사 남성 단수형) **|señor** 씨(Mr.) (일반적인 경어로) 사람, 분 / cf. señora 부인, 여자분 / ¿Quién es aquel señor? 저분은 누구니? **| médico** 의사 **|aprende** 배우다 (동사 aprender의 직설법 현재 3인칭 단수) **|en** ~에(서) **|este** 이 (지시형용사 남성 단수형) **|curso** 과정, 코스 **|aquella** 저 (지시형용사 여성 단수형) **|enfermera** 여자 간호사 / cf. enfermero 남자 간호사 **|aquí** 여기(에서)

nuestro/a 우리의 (소유형용사) **|bajo/a** 키가 작은 **|gordo/a** 뚱뚱한 **|simpático/a** 친절한 **|o** 또는 **|sudamericano** 중남미 사람

정관사 용법

	단수	복수
남	**el**	**los**
여	**la**	**las**

1. 정관사는 명사의 성 · 수에 일치해야 한다.

el libro 책   los libros 책들

la casa 집   las casas 집들

도우미 1   명사의 성 : 스페인어의 모든 명사는 남성과 여성으로 구분되며, 자연적인 성과 문법적인 성이 있다. 일반적으로 자연적인 성은 아래에 제시된 바와 같이 명사의 의미를 통해 성별을 알 수 있으나 문법적인 명사의 성은 암기하는 수밖에 없다.

el padre 아버지   **la madre** 어머니

el chico 소년   **la chica** 소녀

el hombre 남자   **la mujer** 여자

도우미 2   명사의 수 : 명사는 단수형과 복수형이 있으며, 자음으로 끝나는 명사는 어미에 '-es'를, 모음으로 끝나는 명사는 어미에 '-s' 를 붙여 복수형을 만든다.

el papel 종이   **los papeles** 종이들

la ciudad 도시   **las ciudades** 도시들

la casa 집   **las casas** 집들
el perro 개   **los perros** 개들

2. 화자와 청자 간에 이미 알고 있는 명사를 나타낼 때 사용한다.

el libro 그 책   la casa 그 집

3. 일반적인 의미로 전체를 나타낼 때 사용한다.

El hombre es mortal. 인간은 죽는 법이다.

4. 타이틀에 정관사를 사용한다. 그러나 호칭으로 쓰일 때는 관사를 생략해야 한다.

El Sr. Martínez es bueno. 마르띠네스 씨는 착한 사람입니다.
¡Buenos días! Sr. Martínez. 안녕하세요! 마르띠네스 씨.

▶ Sr.는 señor의 약자이다. señora '부인'의 약자는 Sra.이고, señorita '아가씨'의 약자는 Srta.이다.

5. 언어 명칭에 정관사를 사용한다. 그러나 전치사 de가 언어 명칭과 함께 사용될 때 관사를 생략한다.

El español es fácil. 스페인어는 쉽다.
el libro de español 스페인어 책

또한 언어 명칭이 습득하는 의미를 가진 hablar, aprender, estudiar 등의 동사 다음에 오면 관사를 생략한다. 그러나 그 사이에 부사가 게재되면 관사를 사용하는 것이 일반적이다.

Juan habla español.   후안은 스페인어를 할 줄 압니다.

Juan habla muy bien el español.   후안은 스페인어를 아주 잘 말합니다.

6. 「전치사 + 명사」로 형용사구나 부사구를 형성할 때 관사가 생략되는데, 보통은 하나의 단어처럼 굳어진 관용화된 표현이다.

el café con leche   밀크 커피

el profesor de inglés   영어 교수님

el Departamento de Español   스페인어 과

Somos estudiantes de español.   우리들은 스페인어를 배우는 학생들이다.

7. 동사 ser로 신분, 직업, 국적 등을 나타낼 때는 관사를 쓰지 않는다.

¿Es médico Carlos?   까를로스는 의사입니까?

Sí, él es médico.   네, 그는 의사입니다.

María es colombiana.   마리아는 콜롬비아 사람입니다.

¿Es Ud. coreano?   당신은 한국인입니까?

Sí, soy coreano.   예, 나는 한국인입니다.

Elena es enfermera.   엘레나는 간호사입니다.

¿Quién es camarero?   누가 웨이터입니까?

Manuel es camarero.   마누엘이 웨이터입니다.

형용사

형용사에는 품질형용사와 한정형용사가 있다. 여기서는 품질형용사에 대해 보기로 한다. 품질형용사는 대체로 명사의 뒤에 놓여 그 명사의 성질이나 상태를 제한하여 준다. 형용사는 명사를 직접 수식하거나 보어로 쓰일 경우, 그 명사의 성 · 수에 일치하여야 한다.

1. 어미가 '-o'로 끝나는 형용사는 명사의 성 · 수에 일치하며, '-o' 이외의 문자로 끝나는 형용사는 수 변화만 한다.

el libro nuevo   새 책   los libros nuevos   새 책들

la casa nueva   새 집   las casas nuevas   새 집들

el papel azul   파란 종이   los papeles azules   파란 종이들

도우미   형용사들은 명사의 전후에 위치할 수 있으나, 어떤 형용사들은 위치에 따라 그 의미가 달라진다.

el hombre pobre   가난한 사람   el pobre hombre   가련한 사람

la casa nueva   새 집(새로 지은 집)   la nueva casa   새 집(새로 이사한 집)

2. '-o'가 아닌 문자로 끝나는 형용사라도 그것이 국적에 관한 것이면 수뿐만 아니라 성 변화도 한다.

el hombre español   스페인 남자   los hombres españoles   스페인 남자들

la mujer española   스페인 여자   las mujeres españolas   스페인 여자들

3. 보어가 된 형용사도 주어의 성 · 수에 일치하여야 한다.

El cielo es azul.   하늘은 푸르다.

Las casas son bonitas.   그 집들은 아름답다.

¿Cómo es María?   마리아는 어떻게 생겼습니까?

Es gorda y baja.   뚱뚱하고 키가 작습니다.

소유형용사

소유형용사는 명사의 앞에 오는 전치형과 뒤에 오는 후치형이 있다. 먼저, 전치형을 보자. 소유형용사도 다른 형용사와 마찬가지로 수식하는 명사의 성 · 수에 일치해야 한다. 어미가 '-o'로 끝난 소유형용사(nuestro, vuestro)는 명사의 성 · 수에 일치하여야 하고, 그 이외의 소유형용사는 수에만 일치한다.

1. 소유형용사 전치형

단수	복수
mi 나의	**mis** 나의
tu 너의	**tus** 너의
su 그의, 그녀의, 당신의	**sus** 그의, 그녀의, 당신의
nuestro(-a) 우리들의	**nuestros(-as)** 우리들의
vuestro(-a) 너희들의	**vuestros(-as)** 너희들의
su 그들의, 그녀들의, 당신들의	**sus** 그들의, 그녀들의, 당신들의

¿Es tu casa? 너의 집이니?

Sí, es mi casa. 그래, 나의 집이야.

¿Son sus libros? 당신의 책들입니까?

Sí, son mis libros. 네, 나의 책들입니다.

¿Dónde están tus padres? 너의 부모님은 어디에 계시니?

Mis padres están en casa. 나의 부모님은 집에 계십니다.

¿Son ellos vuestros amigos? 그들은 너희들의 친구들이니?

Sí, son nuestros amigos. 그래, 그들은 우리들의 친구들이야.

¿Es su coche? 그의 차입니까?

Sí, es su coche. 네, 그의 차입니다.

¿Quién es nuestro profesor? 누가 우리의 선생님이니?

El señor Martínez es nuestro profesor. 마르띠네스 씨가 우리의 선생님이야.

도우미 1 3인칭 단 · 복수인 su와 sus는 각각 6가지 의미를 가질 수 있다.

su coche 그/ 그들/ 그녀/ 그녀들/ 당신/ 당신들의 차

sus coches 그/ 그들/ 그녀/ 그녀들/ 당신/ 당신들의 차들

따라서 의미의 혼돈을 피하기 위해 전치사 de를 사용하여 그 의미를 명확하게 할 수 있다. 이 때 소유형용사의 전치형 대신 관사가 사용되어야 한다.

su coche = el coche de él/ ellos/ ella/ ellas/ Ud./ Uds.

sus coches = los coches de él/ ellos/ ella/ ellas/ Ud./ Uds.

2. 소유형용사 후치형

단수	복수
mío(-a) 나의	**míos(-as)** 나의
tuyo(-a) 너의	**tuyos(-as)** 너의
suyo(-a) 그의, 그녀의, 당신의	**suyos(-as)** 그의, 그녀의, 당신의
nuestro(-a) 우리들의	**nuestros(-as)** 우리들의
vuestro(-a) 너희들의	**vuestros(-as)** 너희들의
suyo(-a) 그들의, 그녀들의, 당신들의	**suyos(-as)** 그들의, 그녀들의, 당신들의

후치형은 명사의 뒤에 위치시킨다. 전치형을 쓸 때는 관사와 함께 쓰이지 않으나 후치형을 쓸 때는 반드시 관사와 함께 사용한다. 그러나 후치형 단독으로 동사 ser의 보어가 되기도 한다.

Los amigos nuestros estudian en la clase.　우리 친구들은 교실에서 공부한다.

La casa suya es grande.　그의 집은 크다.

La mesa es mía.　그 탁자는 나의 것이다.

El coche es suyo.　그 차는 당신 것입니다.

도우미　3인칭 단·복수인 suyo와 suyos는 각각 6가지 의미를 가질 수 있다. 따라서 의미의 혼돈을 피하기 위해 전치사 'de'를 사용하여 그 의미를 명확하게 할 수 있다.

la casa suya　그/ 그들/ 그녀/ 그녀들/ 당신/ 당신들의 집

las casas suyas　그/ 그들/ 그녀/ 그녀들/ 당신/ 당신들의 집들

la casa suya = la casa de él/ ellos/ ella/ ellas/ Ud./ Uds.

las casas suyas = las casas de él/ ellos/ ella/ ellas/ Ud./ Uds.

소유대명사

소유대명사는 「정관사 + 소유형용사 후치형」으로 이루어지며 이때 정관사와 소유형용사는 그것
이 대신하는 명사의 성·수에 일치한다.

단수		복수	
el mío **la mía**	나의 것	**los míos** **las mías**	나의 것들
el tuyo **la tuya**	너의 것	**los tuyos** **las tuyas**	너의 것들
el suyo **la suya**	그의 것, 그녀의 것, 당신의 것	**los suyos** **las suyas**	그의 것들, 그녀의 것들, 당신의 것들
el nuestro **la nuestra**	우리들의 것	**los nuestros** **las nuestras**	우리들의 것들
el vuestro **la vuestra**	너희들의 것	**los vuestros** **las vuestras**	너희들의 것들
el suyo **la suya**	그들의 것, 그녀들의 것, 당신들의 것	**los suyos** **las suyas**	그들의 것들, 그녀들의 것들, 당신들의 것들

La casa de María y la mía están aquí.　마리아의 집과 나의 집은 여기에 있습니다.

Nuestro gato es negro y el vuestro es blanco.　우리 고양이는 검고 너희들의 것은 하얗다.

Mi casa es grande, pero la tuya es pequeña.　나의 집은 크지만 너의 집은 작다.

¿Cuál es la tuya entre estas plumas?　이 펜들 중에서 네 것이 어느 것이니?

Ésta es la mía.　이것이 나의 것입니다.

▶ **ésta** : '이것' 이란 의미로 지시대명사 여성 단수형(Lección 4 참조)

지시형용사

한정형용사에 속하므로 수식하는 명사의 앞에 위치하며 그 명사의 성·수에 일치한다. 우리말에 "이, 그, 저"에 해당한다.

	단수	복수
남	**este**	**estos**
여	**esta**	**estas**
남	**ese**	**esos**
여	**esa**	**esas**
남	**aquel**	**aquellos**
여	**aquella**	**aquellas**

Este/ese/aquel libro es interesante. 이/그/저 책은 재미있다.

Estos/esos/aquellos libros son interesantes. 이/그/저 책들은 재미있다.

Esta/esa/aquella fábrica es grande. 이/그/저 공장은 크다.

Estas/esas/aquellas fábricas son grandes. 이/그/저 공장들은 크다.

Esa chica es tonta. 그 소녀는 바보다.

Esta noche no estudiamos. 오늘 저녁 우리들은 공부하지 않는다.

Estos chicos y aquellas chicas son coreanos. 이 소년들과 저 소녀들은 한국인들이다.

Este libro y esa pluma son suyos. 이 책과 그 펜은 그의 것이다.

▶ 주어가 남성명사와 여성명사로 구성된 경우 이를 수식하는 형용사나 보어 역할을 하는 형용사는 남성형이 된다.

제2변화 규칙동사의 직설법 현재

어미가 '-er'로 끝나면서 아래 도표에서와 같이 규칙적으로 어미가 변화하는 동사들을 제 2변화 규칙 동사라 한다.

aprender(배우다)의 직설법 현재형

	단수	복수
1인칭	aprendo	aprendemos
2인칭	aprendes	aprendéis
3인칭	aprende	aprenden

¿Qué aprendéis?   너희들은 무엇을 배우니?

Aprendemos español.   우리들은 스페인어를 배웁니다.

다음의 동사들은 aprender와 같은 어미 변화를 하는 제 2변화 규칙동사들이다.

comer 먹다	**beber** 마시다	**vender** 팔다
correr 뛰다	**comprender** 이해하다	

다음의 보기와 같이 대답해 보시오.

| ¿Quién es profesor? / Juan | Juan es profesor. |

1. ¿Quién es estudiante? / Antonio.
2. ¿Quién es enfermera? / Carmen.
3. ¿Quién es secretaria? / Ana.
4. ¿Quiénes son alumnas? / Carmen y Ana.
5. ¿Quiénes son médicos? / Juan y Antonio.

다음의 보기와 같이 대답해 보시오.

| ¿Cómo es el señor? / alto. | El señor es alto. |

1. ¿Cómo es la casa? / grande.
2. ¿Cómo es el profesor? / bajo.
3. ¿Cómo es este hotel? / caro.
4. ¿Cómo es María? / simpática.
5. ¿Cómo es vuestra profesora? / gorda.

스페인어를 사용하는 나라들 2

칠레

중남미의 국가 중 우리나라와 처음으로 자유무역협정(FTA)을 체결한 나라이다. 2004년 2월 16일 우여곡절 끝에 국회에서 비준되었다. 피노체트 독재시절과 같은 암울한 시기가 있었음에도 불구하고 민주화 이후 부정부패를 척결하고 모든 정책 결정에서도 투명성을 강조하는 집권자들의 정책 덕분에 가장 괄목할 만한 경제성장을 보이고 있는 나라이다. 우리나라에도 칠레산 포도주가 많이 들어올 정도로 이 나라의 포도는 수출 경쟁력이 뛰어난 농산품 중의 하나이다. 또한 우리나라 사람들이 좋아하는 홍어의 상당량이 이 나라에서 수입되고 있다.

콜롬비아

중남미 국가 중 유일하게 6·25 전쟁 때 우리나라를 돕기 위해 참전한 국가이다. 콜롬비아산 커피(café)는 세계적으로 유명하며 현재 이 나라가 겪고 있는 문제는 게릴라와 마약과의 전쟁이라고 할 수 있다. 클린턴 정부 때부터 부시 정부에 이르기까지 미국으로부터 마약 퇴치를 위한 지원을 받을 정도로 마약 문제가 심각하다. 하지만 저소득층의 유일한 수입원이라고 할 수 있는 마약재배는 해결이 그리 쉬운 문제가 아니다. '백년간의 고독(Cien años de soledad)'으로 우리 독자에게 많이 알려진 마르케스(Gabriel García Márquez)는 언어의 제조사라고 불릴 정도로 현대 중남미 문학을 이끌어 가는 작가 중의 하나라고 말할 수 있다. 그는 쿠바의 카스트로(Fidel Castro)와 개인적인 친분이 있는 관계로 가끔 신문기사에 오르내리기도 한다. 월드컵 경기 때 자살골(autogol)을 넣은 축구선수가 살해되는 비극적인 사건도 있었다.

아르헨티나

지금은 경제적으로 어려움을 겪고 있는 나라이지만 아르헨티나하면 탱고 음악이 먼저 떠오른다. 수도 부에노스 아이레스는 중남미의 파리라고 할 정도로 도시가 아름답다. 이 나라는 사람보다 소가 더 많은 나라로서 광활한 팜파(초원)의 모습을 보면 목가적인 풍경에 자연스럽게 빠지기도 한다. 아싸도(asado)는 보통 소갈비를 뜻하는데, 다른 양념 없이 소금만을 뿌려 숯불에 구워 먹는다. 아르헨티나 원주민인 가우초(Gaucho)들이 즐겨 먹던 음식으로 그들만의 여유를 느낄 수 있다. 스페인에도 바카 아르헨티나(vaca argentina)라는 음식 체인점이 유명하며 순대와 다양한 음식을 맛볼 수 있다. 소설가 중 우리나라에 보르헤스의 작품이 많이 소개되었는데 한참 인기 있었던 포스트 모더니즘 문학의 대표적인 작가이다. 마라도나(Diego Maradona)와 같은 축구 천재를 배출하였던 나라로서 축구가 가장 인기 있는 운동종목이다.

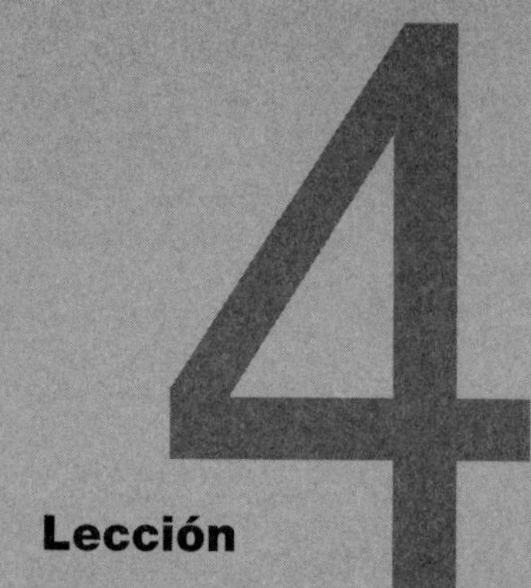

Lección

¿Dónde vives?

Antonio **Ésta es mi casa.**
이것이 나의 집이야.

Está en la calle de Alcalá, número quince.
알깔라 거리 15번지에 있어.

Pilar **¡Es muy grande y bonita!**
아주 크고 예쁘구나!

Antonio **Sí, es bastante grande, pero antigua.**
그래, 아주 커. 그러나 낡았어.

Delante de la casa está el jardín.
집 앞에는 정원이 있어.

Pilar **¿Hay muchos árboles en el jardín?**
정원에 나무들이 많이 있니?

Antonio **No, sólo hay tres. Pero hay muchas flores.**
아니, 단지 세 그루만 있어. 하지만 꽃들이 많이 있어.

Pilar **¿Qué es esto?**
이것은 무엇이니?

Antonio **Esto es una mesa para comer.**
이것은 식탁이야.

Pilar **Y aquello, ¿qué es?**
그리고 저것은 무엇이니?

Antonio **Es la caseta del perro.**
저것은 개집이야.

Pilar **Y allí, ¿qué hay?**
그리고 저기에는 무엇이 있니?

Antonio **Allí está el garaje y aquí, la piscina.**
저기는 차고가 있고 여기는 수영장이 있어.

Pilar **¿Es muy alto el alquiler?**
임대료가 매우 높지?

Antonio Sí, claro. Y tú, ¿dónde vives?
그래. 확실히 높아. 그런데 너는 어디 사니?

Pilar En un piso. Está en el centro de la ciudad.
아파트에 살아. 시내 중심지에 있어.

Está muy cerca de la universidad.
대학교로부터 매우 가까이에 있어.

Antonio ¿Cómo es tu piso?
너의 아파트는 어떠니?

Pilar Es bastante pequeño y muy caro. Además es demasiado ruidoso.
아주 작고 대단히 비싸. 게다가 아주 소란스러워.

Debajo de mi piso hay un bar y una discoteca.
내 아파트 밑에는 바와 디스코텍이 있어.

Por eso, allí siempre hay mucha gente.
그래서 거기는 항상 사람들이 많아.

Antonio ¡Qué mala suerte!
운이 나쁘구나!

---

vives 살다 (동사 vivir의 직설법 현재 2인칭 단수) **ǀ** **ésta** 이것 (지시대명사 여성 단수형) **ǀ** **calle** 거리 **ǀ** **número** 번호 **ǀ** **quince** 15 **ǀ**
grande 큰, 거대한 **ǀ** **bonito/a** 아름다운 **ǀ** **bastante** 충분히, 매우 **ǀ** **antiguo/a** 오래된 **ǀ** **delante** 앞에 / delante de... ∼의
앞에 **ǀ** **jardín** 정원 **ǀ** **hay** ∼이 있다 (동사 haber의 무인칭형) **ǀ** **árbol** 나무 **ǀ** **tres** 3 **ǀ** **flor** 꽃 **ǀ** **esto** 이것 (중성대명사) / ¿Qué es
esto? 이것은 무엇입니까? **ǀ** **una** 어떤, 어느 (부정관사 여성 단수형), 1 **ǀ** **mesa** 탁자 **ǀ** **para** 위하여 **ǀ** **aquello** 저것 (중성대명사) **ǀ**
caseta 움막, 작은 집 **ǀ** **perro** 개 **ǀ** **allí** 저기에 **ǀ** **garaje** 차고 **ǀ** **piscina** 수영장 **ǀ** **alquiler** 임대료 **ǀ** **un** 어떤, 어느 (부정관사 남
성단수형), 1 (수사) **ǀ** **piso** 아파트 **ǀ** **centro** 중심지 **ǀ** **ciudad** 도시, 시내 **ǀ** **cerca** 가까이(에) / cerca de... ∼의 가까이에 **ǀ**
pequeño/a 작은 **ǀ** **caro/a** 비싼 **ǀ** **demasiado** 지나치게 **ǀ** **ruidoso/a** 시끄러운 **ǀ** **siempre** 항상 **ǀ** **gente** 사람들 **ǀ**
debajo 아래에 **ǀ** **bar** 바, 선술집 **ǀ** **discoteca** 디스코텍 **ǀ** **malo/a** 나쁜 **ǀ** **suerte** 운, 행운 / ¡Qué mala suerte! 운이 나쁘구나!

도우미 스페인에서 우리가 말하는 아파트는 **piso**라고 하며, **apartamento**는 방이 하나 또는 두개 있는
주거 형태를 지칭한다. 그리고 원룸은 **estudio**라고 한다.

부정관사

	단수	복수
남	un	unos
여	una	unas

1. 부정관사는 명사의 성·수에 일치해야 한다. "하나" 또는 "어떤"이라는 의미를 가진다.

un libro 한 권의 책, 어떤 책

unos libros 몇 권의 책들, 어떤 책들

una casa 집 한 채, 어떤 집

unas casas 집 몇 채, 어떤 집들

2. 동사 ser 뒤에 단수 가산 명사가 오면 부정관사를 사용한다. 복수일 경우에는 부정관사 없이 사용 가능하다.

¿Qué es esto? 이것은 무엇입니까?

Es una mesa. 책상입니다.

Son unas mesas. 몇 개의 책상들입니다.

Son mesas. 책상들입니다.

¿Qué es aquello? 저것은 무엇입니까?

Es un libro. 책입니다.

Son unos libros. 몇 권의 책들입니다.

Son libros. 책들입니다.

동사 Estar/hay 용법

존재를 나타내는 표현은 estar동사 이외에도 haber동사에서 나온 hay가 있다. 동사 hay 다음에는 일반적으로 한정된 명사가 올 수 없다. 따라서 부정 관사를 사용한 단수 및 복수 명사나 부정 관사 없는 복수 명사가 올 수 있다. 동사 hay는 "있는지 없는지" 그 존재 여부에 중점을 둘 때 사용한다. 반면, 동사 estar는 이미 존재하는 것을 알고 있는 상황에서 단순히 "위치" 즉 "어디에 있는지"를 말할 때 사용한다. 동사 estar의 주어는 한정된 것을 나타내므로 대개 정관사가 사용된다.

¿Dónde está el coche?   자동차는 어디에 있습니까?

El coche está en el garaje.   자동차는 차고에 있습니다.

¿Dónde estamos nosotros?   우리들은 어디에 있습니까? (여기가 어디입니까?)

Ustedes están en el jardín.   당신들은 정원에 있습니다.

¿Qué hay en la sala?   그 방에는 무엇이 있습니까?

Hay una mesa, una silla y una estantería en la sala.
그 방에는 탁자, 의자 그리고 책장이 있습니다.

¿Qué hay delante de la cama?   침대 앞에는 무엇이 있습니까?

Hay un perro delante de la cama.   침대 앞에는 개가 한 마리 있습니다.

¿Hay un banco cerca de aquí?   이 근처에 은행이 있습니까?

Sí, hay uno. Está al final de esta calle.   네, 하나 있습니다. 이 거리 끝에 있습니다.

▶ **en** ~에 | **sobre** ~위에 | **debajo de** ~의 밑에 | **detrás de** ~의 뒤에 | **delante de** ~의 앞에
a la derecha/izquierda de ~의 오른쪽에/왼쪽에 | **cerca de** ~의 가까이에 | **al final de** ~의 마지막에/끝에

제3변화 규칙동사의 직설법 현재

어미가 'ir' 로 끝나면서 아래 도표에서와 같이 규칙적으로 어미가 변화하는 동사들을 제 3변화 규칙 동사라 한다.

vivir(살다)의 직설법 현재형

	단수	복수
1인칭	vivo	vivimos
2인칭	vives	vivís
3인칭	vive	viven

¿Dónde vives tú?　너는 어디에 사니?

Vivo en un piso.　나는 아파트에서 살아.

¿Dónde vive Ud.?　당신은 어디에 사십니까?

Vivo en un estudio.　원룸에 삽니다.

Está en la calle de Atocha, número 10.　아또차 거리 10번지에 있습니다.

다음의 동사들은 vivir와 같은 어미 변화를 하는 제 3변화 규칙동사들이다.

abrir　열다　　　　　　　**cubrir**　덮다

escribir　(글을) 쓰다　　　**subir**　오르다

recibir　받다

지시대명사

지시대명사는 그것이 대신하는 명사의 성 · 수에 일치해야 한다. 우리말에 "이것/이 사람, 그것/그 사람, 저것/저 사람"에 해당한다. 형태는 지시형용사와 같으나 지시형용사 본래의 악센트 위치에 악센트 부호를 붙여 사용한다. 그러나 발음상의 차이는 없고 지시형용사와 지시대명사 간의 형태를 구분하기 위한 것뿐이다. 지시대명사에는 중성형이 있다.

	단수		복수	
남성	éste		éstos	
여성	ésta	이것, 이 사람	éstas	이것들, 이 사람들
중성	esto		-	
남성	ése		ésos	
여성	ésa	그것, 그 사람	ésas	그것들, 그 사람들
중성	eso		-	
남성	aquél		aquéllos	
여성	aquélla	저것, 저 사람	aquéllas	저것들, 저 사람들
중성	aquello		-	

Este edificio y aquél son grandes.   이 건물과 저 건물은 거대합니다.

Estas chicas y aquéllas son guapas.   이 소녀들과 저 소녀들은 예쁩니다.

Aquellas torres son pequeñas, pero ésas son grandes.   저 탑들은 작지만 그 탑들은 거대합니다.

¿Qué es esto?   이것은 무엇입니까?

Esto es un lápiz.   이것은 연필입니다.

¿Qué es eso?   그것은 무엇입니까?

Eso es una iglesia.   그것은 교회입니다.

¿Qué es aquello?   저것은 무엇입니까?

Aquello es una discoteca.   저것은 디스코텍입니다.

도우미 1   '전자' 라는 표현은 aquél（aquéllos, aquélla, aquéllas），'후자' 라는 표현은 éste（éstos, ésta, éstas)를 사용한다.

Carlos y Ana son estudiantes : ésta es española y aquél es colombiano.
"까를로스와 아나는 학생입니다 ; 후자('아나')는 스페인 사람이고 전자('까를로스')는 콜롬비아 사람입니다."

수사(기수 0~20)

0	cero	1	uno
2	dos	3	tres
4	cuatro	5	cinco
6	seis	7	siete
8	ocho	9	nueve
10	diez	11	once
12	doce	13	trece
14	catorce	15	quince
16	dieciséis	17	diecisiete
18	dieciocho	19	diecinueve
20	veinte		

감탄문

기본적인 감탄문은 「¡Qué + 명사 + tan(혹은 más) + 형용사!」로 구성된다. 그러나 「¡Qué + 명사 (또는 형용사)!」 같이 간단한 형식을 취하기도 한다.

¡Qué chica tan bonita!   얼마나 예쁜 소녀인가!

¡Qué mala suerte!   정말 운이 없구나!

¡Qué bonita!   정말 예쁘구나!

다음의 보기와 같이 연습해 보시오.

> **Esta casa es bonita. / esa casa**   **Ésa no es bonita.**

1. **Ese libro es interesante. / aquel libro**
2. **Este profesor es simpático. / ese profesor**
3. **Aquella chica es alta. / esta chica**
4. **Estos chicos son coreanos. / esos chicos**
5. **Esas casas son antiguas. / aquellas casas**

다음의 보기와 같이 연습해 보시오.

> **En esta calle hay un banco.**   **El banco está en esta calle.**

1. **En la calle hay una discoteca.**
2. **Debajo de mi casa hay un bar.**
3. **Sobre la mesa hay un libro.**
4. **A la derecha del edificio hay un cine.**
5. **Detrás del hotel hay una piscina.**

스페인어에도 남녀차별이 존재하는가?

사람들의 직업은 무수히 많다. 미래에 가장 유망한 직종이 무엇인지 많은 예측이 나오고 있지만 그러한 모든 직업이 단어로 선택되는 것은 아니다. 가령 철의 재상 마가렛 대처가 영국을 다스리고 있을 때 비로소 스페인어에 primera ministra(수상)라는 단어가 쓰이기 시작했다. 스페인의 옛 식민지인 필리핀에서 아키노(Aquino) 대통령이 당선되자 presidenta라는 단어가 쓰이기 시작했다. 우리가 사용하는 언어는 그 시대를 반영한 것이다. 하지만 아직도 스페인어의 보수성이 느껴지는 분야가 있다. 여성이 많이 진출해 있는 직업이 모델이다. 그럼에도 불구하고 la modelo라고 하지 la modela라는 단어는 쓰지 않는다. 여권신장론자(feminista)들로서는 납득하기 어려운 점일 것이다. 우리 사회도 여성 정치인의 비율을 법률적으로 보장해야 한다는 주장도 있지만 언제쯤 스페인의 한림원(Real Academia Española)에 이 단어가 기록될 지 궁금하다.

Lección

5

¿Cómo es tu familia?

- 가족 관계 소개하기
- 사람 묘사하기

- 형용사와 동사 ser / estar
- 동사 tener의 용법
- 수사(기수 20~1000)

Diálogo 1

Manuel   **Ésta es una foto de mi familia.**
이것은 나의 가족 사진이야.

Anita   **¿Cómo es tu familia?**
너의 가족은 어떠니?

Manuel   **Somos una familia grande y feliz.**
대가족이고 행복한 가족이지.

Anita   **¿Dónde estás tú?**
너는 어디에 있니?

Manuel   **Estoy en el centro. Mira, aquí estoy.**
중앙에 있어. 봐라, 여기에 내가 있어.

Anita   **¿Son éstos tus padres?**
이 분들이 너의 부모님이시니?

Manuel   **Sí, mi padre es alto, delgado y simpático.**
그래. 나의 아버지는 키가 크시고, 마르셨고, 마음씨가 좋으셔.

A la izquierda está mi madre. Es ama de casa.
왼쪽에 나의 어머니가 계셔. 그녀는 가정주부야.

Anita   **Entonces, ¿quién es esta señora?**
그런데 이 여자분은 누구시니?

Manuel   **Es mi tía.**
나의 숙모님이셔.

Anita   **¿Está casada o soltera?**
결혼하셨니? 아니면 미혼이시니?

Manuel   **Está casada y tiene dos hijos.**
결혼하셨고 자식이 둘 있어.

Anita   **Y el señor de gafas, ¿quién es?**
그리고 안경 낀 분은 누구니?

Manuel   **Es mi abuelo. Tiene setenta años. Es viejo pero fuerte.**
나의 할아버지야. 연세가 70세이셔. 늙으셨지만 건강하셔.

A la derecha está mi abuela. Ahora está enferma.
오른쪽에 할머니가 계셔. 지금 아프셔.

Anita
¿Son éstos tus hermanos?
이 사람들이 네 형제들이니?

Manuel
Sí, éste es mi hermano Juan y la chica rubia es María,
그래. 이 사람이 나의 형 후안이고, 금발의 소녀가 마리아이고

mi hermana menor. Juan es camarero y María es estudiante.
내 여동생이야. 후안은 웨이터이고 마리아는 학생이야.

Anita
¿Quién es este niño?
이 아이는 누구니?

Manuel
Es mi sobrino. Es guapo y listo, pero muy travieso.
내 조카야. 잘 생기고 영리하지만 대단히 개구쟁이야.

Anita
Parece que es una familia muy feliz, ¿verdad?
매우 행복한 가족인 것 같다. 그렇지?

Manuel
Claro que sí.
정말 그래.

---

foto 사진 (= fotografía) | **familia** 가족 | **feliz** 행복한 | **mira** 보다 (동사 mirar의 명령형 2인칭) | **padre** 아버지 (= papá) / (복수) los padres 부모님 | **delgado/a** 마른 | **izquierda** 왼쪽 / a la izquierda 왼쪽에 | **madre** 어머니 (= mamá) | **ama** 주부 / ama de casa 가정 주부 | **señora** 여주인, 부인, 여자분 | **tía** 숙모, 아주머니 / cf. tío 숙부, 아저씨 | **hermana** 여자 형제 / cf. hermano 남자 형제 | **casado/a** 결혼한 | **soltero/a** 독신의, 미혼의 | **tiene** 가지다 (동사 tener의 직설법 현재 3인칭 단수형) | **hijo** 아들 / (복수) los hijos 자식들 / cf. hija 딸 | **gafas** 안경 / el señor de gafas 안경 낀 분 | **abuelo** 할아버지 / cf. abuela 할머니 | **setenta** 70 | **año** 해, 년 | **viejo/a** 늙은 | **fuerte** 튼튼한, 건강한 | **derecha** 오른쪽 | **chica** 소녀 / cf. chico 소년 | **rubio/a** 금발의 | **menor** 보다 작은, 보다 어린 | **camarero** 웨이터 | **niño** 어린이, 남자 아이 / cf. niña 여자 아이 | **sobrino** 남자 조카 / cf. sobrina 여자 조카 | **guapo/a** 잘 생긴, 미남의 | **listo/a** 똑똑한 | **travieso/a** 장난꾸러기의 | **parece** 보이다, 생각되다 (동사 parecer의 직설법 현재 3인칭 단수) / parece que... ~으로 보이다, ~인 것 같다 | **que** ~하는 일, ~인 것 (접속사) | **claro** 확실한 / Claro que sí. 확실히 그래.

형용사와 동사 ser/estar

1. 품질형용사는 대체로 명사의 뒤에 놓여 그 명사의 성질이나 상태를 제한하여 준다. 보어가 된 형용사는 주어의 성·수에 일치하여야 한다.

> Mi padre es alto, delgado y simpático. 나의 아버지는 키가 크고 마르시고 친절하시다.
>
> Mi madre es baja y un poco gorda. 나의 어머니는 키가 작고 약간 뚱뚱하시다.
>
> Carlos y José son guapos. 까를로스와 호세는 미남이다.
>
> Ellas son bonitas. 그녀들은 예쁘다.

2. 어떤 형용사들은 동사 ser와 함께 사용되었는가 혹은 동사 estar와 함께 사용되었는가에 따라 그 뜻이 달라진다.

> Ana es lista. 아나는 똑똑하다/약다.
>
> Ana está lista. 아나는 (~할) 준비가 되어 있다.
>
> Ud. es bueno. 당신은 좋은 사람입니다.
>
> Ud. está bueno ahora. 당신은 이제 병이 나았습니다.
>
> Ella es mala. 그녀는 나쁜 사람이다.
>
> Ella está mala. 그녀는 지금 병들어 있다.

3. 변하지 않는 진리를 표현할 때는 동사 ser를 사용한다.

> La nieve es blanca. 눈은 희다.
>
> La flor es bonita. 꽃은 아름답다.

4. 주관적인 의견이나 주어의 상태 혹은 상황이 변하였을 때는 일반적으로 동사 estar를 사용한다.

Esta nieve está sucia. 이 눈은 더러워졌다.

Elena no está gorda ahora. 엘레나는 지금은 뚱뚱하지 않다.

Rosa es alegre pero hoy no está alegre. 로사는 명랑하지만 오늘은 명랑하지 않다.

동사 tener의 용법

1. 불규칙동사 tener는 직설법 현재 1인칭 단수에서 어간에 g가 덧붙는 동사이다.

	단수	복수
1인칭	tengo	tenemos
2인칭	tienes	tenéis
3인칭	tiene	tienen

2. 일반적으로 동사 tener의 목적어에는 정관사를 쓰지 않는다. 그러나 부정관사를 사용하거나 관사 없이 복수형으로 사용할 수 있다. 사람이 목적어가 되는 경우도 정관사는 물론 대격 전치사 'a'도 첨가하지 않는다.

Tengo libros en casa. 나는 집에 책들을 가지고 있다.

Tenemos una casa. 우리들은 한 채의 집을 가지고 있습니다.

Mi amigo no tiene padres.   나의 친구는 부모님이 안 계시다.

Ana tiene un hermano.   아나는 남자 형제가 하나 있다.

Ella tiene un hijo.   그녀는 아들이 하나 있다.

¿Tiene usted un bolígrafo?   당신은 볼펜 하나를 가지고 있습니까?

도우미   한정된 경우에는 정관사를 사용한다.

Ana tiene los libros de María.   아나는 마리아의 책들을 가지고 있다.

3. 나이를 묻는 표현에 사용한다.

¿Cuántos años (de edad) tienes tú?   너는 몇 살이니?

Tengo veintiún años.   나는 21살입니다.

¿Qué tiempo tiene el bebé?   아기는 얼마나 되었나요?

Tiene tres meses.   3개월 되었어요.

4. 동사 tener는 다음과 같은 관용구에 쓰인다.

tener calor／ frío／ hambre／ sed／ sueño／ razón
(몸이) 덥다／ 춥다／ 배가 고프다／ 목마르다／ 졸리다／ ～의 말이 옳다

¿Tienes calor?   너 덥니?

Tenemos hambre.   우리는 배가 고프다.

Ud. tiene razón.   당신 말이 옳습니다.

Tengo sueño.   나는 졸립다.

수사(기수 20~1000)

20 veinte		**21** veintiuno	
22 veintidós		**23** veintitrés	
24 veinticuatro		**25** veinticinco	
26 veintiséis		**27** veintisiete	
28 veintiocho		**29** veintinueve	
30 treinta		**31** treinta y uno	
39 treinta y nueve		**40** cuarenta	
41 cuarenta y uno		**49** cuarenta y nueve	
50 cincuenta		**51** cincuenta y uno	
59 cincuenta y nueve		**60** sesenta	
61 sesenta y uno		**69** sesenta y nueve	
70 setenta		**71** setenta y uno	
79 setenta y nueve		**80** ochenta	
81 ochenta y uno		**89** ochenta y nueve	
90 noventa		**91** noventa y uno	
99 noventa y nueve		**100** cien/ciento	
101 ciento uno		**109** ciento nueve	
110 ciento diez		**111** ciento once	
116 ciento dieciséis		**119** ciento diecinueve	
120 ciento veinte		**130** ciento treinta	
200 doscientos		**201** doscientos uno	
300 trescientos		**400** cuatrocientos	
500 quinientos		**600** seiscientos	
700 setecientos		**800** ochocientos	
900 novecientos		**1,000** mil	

▶ 우리나라와 영어 사용국에서는 천 단위마다 콤마(,)를 찍지만 스페인에서는 점(.)을 사용한다 : 1.000, 1.000.000
우리나라에서는 0.5의 경우 소수점을 사용하나 스페인에서는 콤마를 사용한다: 0,5 (cero coma cinco라고 읽는다)
그러나 연도의 경우는 점을 찍지 않는다 : el año 1999 (연도는 영·미식과는 달리 mil novecientos noventa y nueve라고 읽는다.)

1. 십 단위와 단 단위 사이에서 y를 사용한다.

2. uno는 수사 '1' 이라는 뜻일 때 남성 명사 앞에서 어미 '-o' 가 탈락되고, 여성 명사 앞에서는 어미 '-o' 가 '-a' 로 된다.

un libro 한 권의 책	una mujer 한 명의 여인
veintiún libros 21권의 책들	veintiuna casas. 21채의 집들
treinta y un hombres 31명의 남자들	ciento un perros 101마리의 강아지들

▶ veinte y uno의 축약형인 veintiuno는 어미 '-o' 가 탈락되면 '-u-' 위에 악센트 부호를 찍어야 한다.

3. 16~19 그리고 21~29까지는 십 단위와 단 단위를 합쳐서 한 단어로 된 축약형을 사용한다. 이 경우 단 단위 숫자의 악센트 위치를 유지하기 위해 악센트 부호를 찍어야 한다. 31부터는 축약형을 사용하지 않는다.

16 dieciséis (*diez y seis)	17 diecisiete (*diez y siete)
18 dieciocho (*diez y ocho)	19 diecinueve (*diez y nueve)
21 veintiuno (*veinte y uno)	22 veintidós (*veinte y dos)
23 veintitrés (*veinte y tres)	24 veinticuatro (*veinte y cuatro)
25 veinticinco (*veinte y cinco)	26 veintiséis (*veinte y seis)

27 veintisiete (*veinte y siete)　　28 veintiocho (*veinte y ocho)

29 veintinueve (*veinte y nueve)

4. ciento는 명사 앞이나 mil(1,000)과 millón(백만) 앞에서는 성에 관계없이 어미 '-to'를 탈락시킨다.

ciento cuarenta y uno　141

ciento ochenta y tres hombres　183명의 남자들

cien chicos　100명의 소년들

cien chicas　100명의 소녀들

cien mil personas　십만 명의 사람들

cien millones de habitantes　1억 명의 주민들

ciento cinco mil personas.　십만 5천 명의 사람들

5. 200~900까지는 명사의 성에 일치하여야 하며 항상 복수형이다.

doscientos libros　200권의 책들

doscientas sillas　200개의 의자들

cuatrocientas alumnas　400명의 여학생들

cuatrocientos alumnos　400명의 (남)학생들

quinientos cinco chicos　505명의 소년들

quinientas cinco chicas　505명의 소녀들

setecientas veinticinco plumas　725 자루의 펜들

6. ciento와 mil 앞에는 영어와는 달리 un을 붙이지 않는다. mil은 남·여성이 따로 없고 복수형도 없다.

> cien dólares　백 달러　　　　　　　　mil euros　천 유로
> veintiún mil personas　이만 천 명의 사람들
> el año dos mil cinco　2005년

> **도우미**　mil이 "수천의"라는 의미일 때는 복수형을 쓴다.

> miles de personas　수천 명의 사람들

7. millón은 수 변화를 하며 명사 바로 앞에 올 때는 항상 전치사 de를 동반한다. 그러나 millón, millones 다음에 숫자가 오면 de를 쓰지 않는다.

> un millón de libros　백만 권의 책들
> dos millones de soldados　2백만 명의 군인들
> tres millones cuatrocientos mil euros.　3백 4십만 유로

8. 기수가 명사 뒤에 오는 경우 서수의 가치를 가진다. 이때 명사 앞에 한정사가 요구된다.

> el capítulo tres (= tercero)　세 번째 과

▶ 서수 Lección 8 참조.

다음의 보기와 같이 연습해 보시오.

| Mi abuelo es viejo. / tu abuela | Tu abuela es vieja. |

1. **Tu niño es listo. / mi niña** _______________________
2. **Mi padre es alto y delgado. / tu madre** _______________________
3. **Su hermano es bajo y gordo. / su hermana** _______________________
4. **Ellos son simpáticos. / ellas** _______________________
5. **Tu sobrino es guapo. / mi sobrina** _______________________

다음의 보기와 같이 연습해 보시오.

| ¿Cuántos años tiene usted? / 21 | Tengo veintiún años. |

1. **¿Cuántos años tienes tú? / 25** _______________________
2. **¿Cuántos años tiene tu niño? / 7** _______________________
3. **¿Cuántos años tiene su padre? / 59** _______________________
4. **¿Cuántos años tiene su abuelo? / 78** _______________________
5. **¿Cuántos años tiene tu hermana? / 36** _______________________

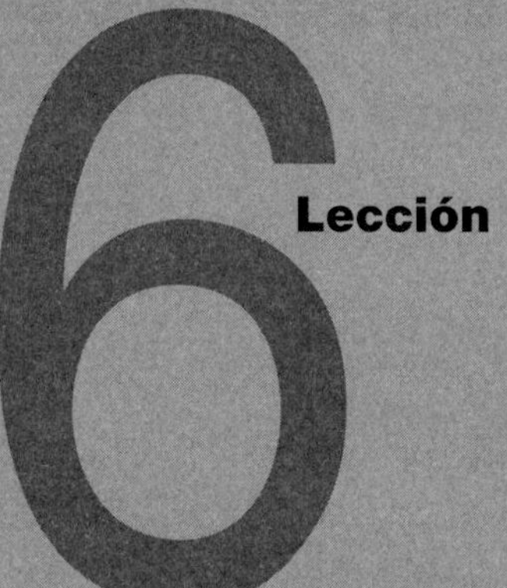

6

Lección

¿Qué día es hoy?

Diálogo

Carmen **¡Hola, Ana!**
안녕! 아나.

Ana **¡Hola, Carmen!**
안녕! 까르멘.

Carmen **¿Adónde vas?**
너 어디 가니?

Ana **Voy a la cafetería.**
커피숍에 가.

Carmen **¿Qué día es hoy?**
오늘 무슨 요일이니?

Ana **Hoy es viernes.**
오늘 금요일이야.

Carmen **¿A cuántos estamos hoy?**
오늘 몇 일이니?

Ana **Hoy estamos a veintitrés de abril de dos mil cinco.**
오늘은 2005년 4월 23일이야.

Carmen **¿Cuándo es el examen de composición?**
작문 시험은 언제니?

Ana **Es el veintisiete de abril.**
4월 27일이야.

Carmen **¿Qué hora es? No tengo reloj.**
지금 몇 시니? 나는 시계가 없어.

Ana **Ya son las tres y cuarto.**
벌써 3시 15분이야.

Carmen **¿A qué hora empieza la clase de conversación?**
몇 시에 회화 수업이 시작하니?

Ana **Empieza a las tres y media.**
3시 반에 시작해.

Carmen   Entonces, todavía tenemos un cuarto de hora para tomar
그러면 아직 커피 한잔 할 시간이 15분 남았구나.

un café.

Ana   Bueno, pero deprisa. No tenemos mucho tiempo.
좋아, 하지만 서둘러. 시간이 많지 않아.

El profesor es muy puntual.
교수님은 시간을 잘 지키는 분이셔.

Carmen   ¡Camarero! ¡Por favor, un café solo y un café con leche!
웨이터! 블랙 커피와 밀크 커피 좀 주세요!

Camarero   En seguida, señoritas.
즉시 드리겠습니다. 아가씨들.

---

vas 가다 (동사 ir의 직설법 현재 2인칭 단수) | **voy** 가다 (동사 ir의 직설법 현재 1인칭 단수) | **cafetería** 간이 식당, 커피숍 | **hoy** 오늘 |
viernes 금요일 | **cuánto** 몇 개의, 얼마만큼의 | **veintitrés** 23 | **abril** 4월 | **dos mil cinco** 2005 | **examen** 시험 |
composición 작문 | **veintisiete** 27 | **reloj** 시계 | **hora** 시간 | **ya** 이미, 벌써 | **cuarto** 4분의 1 / un cuarto de hora 15
분 | **empieza** 시작하다 (동사 empezar의 직설법 현재 3인칭 단수) | **conversación** 회화 | **media** 반, 30 | **todavía** 아직 |
tomar 먹다, 마시다 | **café** 커피 / café solo 블랙 커피 / café con leche 밀크 커피 | **deprisa** 서둘러, 급하게 | **tiempo** 시간, 시
기, 기간 | **puntual** 정확한, 시간을 잘 지키는 | **favor** 호의 / ¡Por favor! 제발 | **en seguida** 즉각, 즉시 | **señoritas** 아가씨들

불규칙동사 ir

동사 ir의 직설법 현재 변화형

	단수	복수
1인칭	voy	vamos
2인칭	vas	vais
3인칭	va	van

1. '~로 가다' 라는 표현을 할 경우 동사 ir 다음에 전치사 'a' 를 사용한다.

Voy a la iglesia.　나는 교회에 간다.

Ellos van al parque.　그들은 공원에 간다.

¿Adónde vais?　너희들은 어디에 가니?

Vamos a la casa del Sr. Kim.　우리들은 김 선생님의 집에 갑니다.

> **도우미**　전치사 a나 de 다음에 정관사 el이 오면 각각 al과 del로 축약해 사용해야 한다.

a + el = al　　　　　　　　**de + el = del**

2. 「ir a + 동사원형」은 '~을 하려고 하다' 라는 뜻으로 미래를 나타낸다.

¿Qué vas a hacer este fin de semana?　이번 주말에 너는 무엇을 하려고 하니?

Voy a ir a la montaña con mi familia.　나는 가족과 함께 산에 가려고 해.

불규칙동사 empezar

동사 empezar(시작하다)의 직설법 현재형은 어간 모음 'e-' 가 '-ie-' 로 변화한다. 단 1, 2인칭 복수는 어간 모음이 변하지 않음에 주의하라.

	단수	**복수**
1인칭	empiezo	empezamos
2인칭	empiezas	empezáis
3인칭	empieza	empiezan

¿A qué hora empieza la clase? 몇 시에 수업이 시작하니?

Empieza a las dos. 2시에 시작해.

「empezar a + 동사원형」은 '~하기 시작하다' 라는 의미를 가진다.

Mi hermano empieza a estudiar. 내 동생은 공부하기 시작했다.

Nosotros empezamos a hacer la tarea. 우리들은 숙제를 하기 시작했다.

다음의 동사들은 empezar와 동일한 변화형을 갖는다.

comenzar 시작하다	**cerrar** 닫다
pensar 생각하다	**negar** 부인하다
despertar 깨우다	**sentar** 앉히다

월의 명칭

1월	**enero**	2월	**febrero**
3월	**marzo**	4월	**abril**
5월	**mayo**	6월	**junio**
7월	**julio**	8월	**agosto**
9월	**septiembre**	10월	**octubre**
11월	**noviembre**	12월	**diciembre**

1. 월의 명칭은 관사를 수반하지 않는다. 월의 명칭은 '6월인 경우' junio 또는 el mes de junio로 표기한다. 영어와는 달리 대문자로 쓰지 않는다.

Junio tiene 30 días. 6월은 30일이다.

A mediados de marzo empieza la primavera. 3월 중순에 봄이 시작된다.

Viajamos a Francia en noviembre. 우리들은 11월에 프랑스로 여행 간다.

도우미 1 계절 명칭

봄	**la primavera**	여름	**el verano**
가을	**el otoño**	겨울	**el invierno**

"무슨 계절에"라는 표현에서 전치사 en을 사용하며, 관사를 일반적으로 생략한다.

¿En qué estación del año estamos ahora? 지금은 무슨 계절인가요?

Estamos en primavera. 봄입니다.

En (el) verano llueve mucho. 여름에는 비가 많이 온다.

그러나 한정된 계절, 즉 "2005년 가을에"라고 할 때는 관사를 사용하는 것이 좋다.

En el otoño de 2005 2005년 가을에

2. 날짜를 묻고 대답하는 표현은 다음과 같이 다양하다.

¿A cuántos estamos hoy? 오늘은 몇 일입니까?

¿A cómo estamos hoy? 오늘은 몇 일입니까?

Estamos a once de octubre. 10월 11일입니다.

¿Qué fecha es hoy? 오늘은 몇 일입니까?

Es el (día) once de octubre. 10월 11일입니다.

Hoy es lunes, 26 de abril de 2005. 오늘은 2005년 4월 26일 월요일입니다.

3. 날짜가 부사로 쓰여 "몇 일에"라는 뜻을 가질 때는 전치사 없이 「정관사 + 날짜」로 표현한다.

Carlos llega a Madrid el (día) quince de septiembre.
까를로스는 9월 15일에 마드리드에 도착한다.

도우미 2 초하루인 경우 스페인에서는 uno를 사용하고 중남미에서는 primero를 사용한다.

Hoy es el uno(=primero) de febrero. 오늘은 2월 1일입니다.

요일 명칭

월요일	el lunes	**화요일**	el martes
수요일	el miércoles	**목요일**	el jueves
금요일	el viernes	**토요일**	el sábado
일요일	el domingo		

1. 요일의 명칭이 동사 ser의 보어로 쓰일 경우에는 관사를 생략한다. 그리고 영어와는 달리 대문자로 쓰지 않는다.

¿Qué día (de la semana) es hoy? 오늘은 무슨 요일입니까?

Hoy es viernes. 오늘은 금요일입니다.

Mañana es sábado. 내일은 토요일입니다.

2. sábado와 domingo를 제외한 모든 요일의 명칭은 단·복수의 형태가 같고 정관사로 단수와 복수를 구별한다.

el lunes - los lunes　　　　**el martes - los martes**

el miércoles - los miércoles　　**el jueves - los jueves**

el viernes - los viernes　　　**el sábado - los sábados**

el domingo - los domingos

3. 요일의 명칭이 부사구(~요일에)가 될 경우 전치사를 사용하지 않고 「관사 + 요일」로 표현한다. 복수가 되면 "매주 ~요일에"라는 의미가 된다.

Juan va a Barcelona el sábado. 후안은 토요일에 바르셀로나에 간다.

Mi familia va a la iglesia los domingos (= todos los domingos).
나의 가족은 매주 일요일에 교회에 간다.

▶ 의미를 확실히 강조하기 위해 los domingos 대신 todos los domingos를 사용하기도 한다. 그러나 단수인 todo el domingo는 "일요일 하루 종일"이라는 의미가 된다. "매일"이라는 표현은 todos los días이고 "하루 종일"이라는 표현은 todo el día이다.

시간

1. 시간의 표현은 「동사 ser의 3인칭 단·복수(es, son) + 여성 정관사 단·복수(la, las) + 기수」의 형태로 나타낸다. 한 시의 경우 동사 ser의 3인칭 단수 (es)가 쓰이고 관사는 단수 la를 사용한다. 두 시 이상의 경우는 모두 복수형이 쓰인다.

¿Qué hora es? 지금은 몇 시입니까?

¿Qué horas son? 지금은 몇 시입니까?

Es la una. 한 시입니다.

Es la una y media. 한 시 반입니다.

Son las dos en punto. 두 시 정각입니다.

▶ ¿Qué hora es? 대신 ¿Qué hora tiene Ud.?, ¿Qué horas tiene Ud.?, ¿Tienes hora?라는 표현을 쓰기도 한다. "5시 10분"이라고 대답할 경우 Tengo las cinco y diez라고 하면 된다. 또는 Son las cinco y diez라 대답해도 무방하다.

2. "몇 시 몇 분"을 표현할 때 시간과 분 사이에 "y"를 사용한다. 15분일 때는 quince 대신 cuarto (4분의 1, 즉 15분)를, 30분일 때는 treinta 대신에 media(반시간 media hora)를 사용할 수 있다.

Es la una y veinte.   1시 20분입니다.

Son las dos y treinta.   2시 30분입니다.

Son las dos y media.   2시 30분입니다.

Son las cinco y quince.   5시 15분입니다.

Son las cinco y cuarto.   5시 15분입니다.

3. "몇 분 전"이라는 표현에는 menos를 사용한다. 30분이 넘었을 경우, 즉 "3시 40분"을 말할 때 Son las tres y cuarenta라는 표현보다 "4시 20분 전"이라는 표현을 일반적으로 사용한다.

Son las cuatro menos veinte.   4시 20분 전입니다. 3시 40분입니다.

Son las seis menos cuarto.   6시 15분 전입니다. 5시 45분입니다.

도우미 "몇 시 몇 분 전"을 표현할 때 전치사 para를 사용할 수 있다. 이 경우 분이 먼저 오고 다음에 시간이 온다.

Son veinte para las cuatro.   4시 20분 전입니다.

4. "오전, 오후, 저녁 몇 시"의 표현은 de la mañana, de la tarde, de la noche를 시간 다음에 사용한다.

Son las siete de la mañana. 오전 7시입니다.

Son las dos de la tarde. 오후 2시입니다.

Son las once de la noche. 밤 11시입니다.

▶ 일반적으로 "오전에, 오후에, 저녁에"라는 표현은 por/en la mañana, por/en la tarde, por/en la noche라는 표현을 사용하지만, 시간과 함께 쓰일 경우에 전치사 'de'를 사용한다.

5. "몇 시에"라는 표현에는 전치사 'a'가 사용된다.

¿A qué hora llega el tren? 몇 시에 기차가 도착합니까?

El tren llega a las cinco y media. 기차는 5시 반에 도착합니다.

¿A qué hora empieza la clase? 수업은 몇 시에 시작합니까?

La clase empieza a las nueve. 수업은 9시에 시작합니다.

다음 보기와 같이 연습하시오.

> ¿A cómo estamos hoy? / 15 - 3   Hoy estamos a quince de marzo.

1. **19 - 5** ______________________________
2. **28 - 9** ______________________________
3. **14 - 10** ______________________________
4. **25 - 6** ______________________________
5. **13 - 11** ______________________________

다음 보기와 같이 연습하시오.

> ¿A qué hora es la clase de conversación? (8:30)
> La clase de conversación es a las 8 y media.

1. **¿A qué hora es el examen? (12:20)** ______________________________
2. **¿A qué hora es el descanso? (10:00)** ______________________________
3. **¿A qué hora es la reunión? (9:30)** ______________________________
4. **¿A qué hora es la clase? (11:00)** ______________________________
5. **¿A qué hora es el partido? (9:10)** ______________________________

스페인어를 사용하는 나라들 3

멕시코

멕시코의 마야 문명은 누구라도 그들의 화려했던 문명에 대해서 감탄을 하지 않을 수 없게 한다. 멕시코시티에 있는 인류박물관이나 태양의 신전을 비롯해서 멕시코 전역에서 볼 수 있는 마야의 흔적은 과거의 역사가 오늘날에도 숨쉬며 살아 있는 듯한 착각을 갖게 한다. 미국과 근접해 있는 관계로 캐나다와 더불어 미주자유무역협정(NAFTA)을 체결하였으며 인구와 면적을 감안할 때 강대국의 조건을 가지고 있는 나라이다. 얼마 전에 부시 대통령이 미국에 거주하고 있는 불법이민자가 미국의 3D 업종에 취업할 경우 허용할 것이라는 방침을 밝힌 바 있고 아메리칸 드림(American Dream)을 이루기 위해 국경을 넘는 인구가 상당수에 이르고 있다. 멕시코를 오랫동안 집권해 왔던 제도혁명당(PRI)의 후보를 물리치고 폭스(Vicente Fox) 대통령이 집권함으로써 처음으로 정권교체가 이루어지기도 했다. 그의 집권 이후 경제회복을 위해서 진력하고 있으나 높은 실업률을 비롯해서 극빈층을 비롯한 사회문제가 심각한 문제로 남아 있다. 우리나라의 대기업을 비롯해서 섬유분야의 중소기업이 많이 진출해 있으며 중남미 무역의 교두보 역할을 하고 있다. 우리나라에는 지명 이름이기도 한 테킬라(tequila)라는 술과 왕관이라는 뜻의 corona 맥주가 젊은이들 사이에 인기가 있다.

페루

안데스 지역의 화려했던 잉카문명의 근원지 마추피추를 비롯한 이 지역의 문화유적지는 볼수록 잉카제국이 얼마나 화려한 문명을 누렸는지를 짐작하게 한다. 마리오 바르가스 요사에 의하면 원시와 문명이 공존하는 곳이 바로 페루라고 한다. 화려한 과거의 문명과는 달리 빈곤층이 인구의 상당한 비율을 차지한다. 한때 일본에서 이민 간 후지모리 정권이 언론의 관심을 받기도 한 나라이지만 2001년 최초의 인디오 출신인 톨레도(Alejandro Toledo)가 집권함으로써 또 다시 세계 언론의 관심을 끌었다. 게다가 '구름 속 도시'라는 뜻의 마추피추에서 잉카식으로 올린 취임식은 매우 인상적이었다. 잉카의 건축 양식은 인간과 자연이 분리되지 않고 서로 조화를 이루는 것에 큰 비중을 두고 있음을 알 수 있다. 이 점은 동양적인 사고방식과 흡사하다. 사실 페루 사람들은 얼굴 모습이 동양인과 비슷한 점이 있으며 베링 해협을 거쳐 아시아계 사람들이 이주하였다는 학설도 있다.

Lección

7

¿Qué tiempo hace?

계절과 날씨 설명하기

불규칙동사 hacer
불규칙동사 poder
tener que + 동사원형
현재분사

Sara   **¡Hola, Minsu! ¿Qué haces aquí?**
안녕, 민수! 여기에서 뭐하고 있니?

Minsu   **¡Hola! Estoy preparando la clase de mañana.**
안녕! 내일 배울 수업을 준비하고 있는 중이야.

Sara   **¿Cuánto tiempo hace que estás en España?**
너는 스페인에 있은 지 얼마나 되었니?

Minsu   **Hace 2 meses que estoy aquí.**
여기에 있은지 두 달 됐어.

               Todavía no puedo entender bien el español.
아직은 스페인어를 잘 이해할 수가 없어.

               Por eso, tengo que preparar las lecciones.
따라서 나는 학과들을 준비해야만 해.

               Pero hoy no puedo estudiar más porque hace mucho calor.
하지만 날씨가 너무 더워서 오늘은 더 공부를 할 수가 없구나.

Sara   **Ya estamos en verano.**
벌써 여름이야.

               En tu país, ¿qué tiempo hace en verano?
너의 나라에서는 여름에 날씨가 어떠니?

Minsu   **En mi país hace mucho calor y llueve bastante en verano.**
우리나라에서는 여름에 매우 덥고 비가 많이 내려.

               Además, en verano el clima es muy húmedo.
게다가 여름에는 기후가 매우 습하단다.

Sara   **En Madrid también hace mucho calor en verano,**
마드리드에서도 역시 여름에는 매우 더워.

               pero en general el clima es muy seco en España.
그러나 일반적으로 기후가 스페인에서 대단히 건조하지.

               En cambio, hace frío en invierno. Casi no nieva en Madrid.
반면, 겨울에는 추워. 마드리드에는 거의 눈이 오지 않아.

Minsu   **En el norte de España, ¿cómo es el clima en verano?**
스페인 북부지방에는 여름에 기후가 어떠니?

Sara   **En las costas del norte no hace tanto calor.**
북부 해안 지방들에서는 그렇게 덥지는 않아.

Tienen un clima más suave y llueve a menudo.
해안 지방들에는 보다 온화한 기후가 나타나고 비가 종종 내려.

Minsu   **Y en otoño, ¿qué tiempo hace en Madrid?**
가을에는 마드리드 날씨가 어떠니?

Sara   **En otoño y en primavera, el tiempo es muy agradable en Madrid.**
가을과 봄에는 날씨가 아주 쾌적해.

En primavera hace sol, pero a veces llueve y hace mucho viento.
봄에는 햇볕이 나. 그러나 가끔 비가 오고 바람이 많이 불어.

Y en tu país, ¿qué tiempo hace en otoño y en primavera?
너의 나라에서는 가을과 봄에 날씨가 어떠니?

Minsu   **En estas dos estaciones el clima no es caluroso.**
이 두 계절에 기후는 무덥지 않아.

Hace muy buen tiempo. No hace ni calor ni frío.
아주 날씨가 좋지. 덥지도 춥지도 않아.

---

haces 하다 (동사 hacer의 직설법 현재 2인칭 단수) | **tiempo** 시간, 때, 기간, 날씨 | **preparando** 준비하다 (동사 preparar의 현재분사형) | **hace ... que** ~한 지가 얼마 되다 / Hace 2 meses que estoy aquí. 여기에 머문 지 2개월 돼. | **todavía** 아직 | **puedo** 할 수 있다 (동사 poder의 직설법 현재 1인칭 단수) | **entender** 이해하다 | **por eso** 그래서, 따라서 | **más** 더(이상) | **porque** 왜냐하면 | **calor** 더위 | **verano** 여름 | **hace** 동사 hacer의 직설법 현재 3인칭 단수 (날씨를 나타낼 때 사용) | **llueve** 비가 오다 (동사 llover의 직설법 현재 3인칭 단수) | **bastante** 충분히, 매우 | **clima** 기후 | **húmedo** 습한 | **general** 일반적인 / en general 일반적으로 | **seco/a** 건조한 | **cambio** 변화, 변경 / en cambio 반면에 | **frío** 추위 | **casi** 거의 | **nieva** 눈이 오다 (동사 nevar의 직설법 현재 3인칭 단수) | **invierno** 겨울 | **norte** 북쪽 | **costa** 해안 | **tanto** 그 정도의, 그렇게 많은 | **suave** 온화한, 부드러운 | **menudo** 작은, 사소한 / a menudo 종종, 자주 | **otoño** 가을 | **primavera** 봄 | **vez** 번, 차례 / a veces 가끔 | **viento** 바람 | **estación** 계절 | **caluroso/a** 무더운 | **ni** ~도 없이 / No hace ni calor ni frío. 덥지도 춥지도 않다.

불규칙동사 hacer

1. 동사 hacer는 '하다, 만들다, 시키다' 라는 뜻을 가지며, 직설법 현재 변화형은 다음과 같다. 1인 칭 단수에서 어간에 g가 덧붙는 동사이다.

	단수	복수
1인칭	hago	hacemos
2인칭	haces	hacéis
3인칭	hace	hacen

¿Qué va a hacer Ud. esta noche? 오늘 저녁에 당신은 무엇을 하려고 합니까?

Voy a ir al cine. 영화관에 가려고 합니다.

Los niños hacen sus camas. 그 아이들은 자기들의 잠자리를 준비한다.

Los profesores les hacen estudiar mucho a los alumnos.
교수님들은 학생들에게 열심히 공부하도록 시킨다.

▶ les '그들에게' Lección 8 참조

2. 날씨와 관련된 hacer동사의 관용구

¿Hoy hace calor o frío? 오늘 날씨는 더운가요? 또는 추운가요?

Hace mucho calor. 대단히 덥습니다.

¿Qué tiempo hace hoy? 오늘 날씨 어때요?

Hace fresco. 선선합니다.

Hace sol. 태양이 납니다.

Hace viento. 바람이 붑니다.

Hace buen tiempo. 날씨가 좋습니다.

Hace mal tiempo. 날씨가 나쁩니다.

도우미 1 '대단히 덥다 / 춥다 / 바람이 많이 분다' 라고 표현할 때는 "Hace **mucho** calor/ frío/ viento."라고 한다. 여기에서 calor / frío / viento는 명사이므로 형용사 mucho와 함께 올 때 명사의 성·수에 일치해야 하며, 우리말로 번역할 때는 "대단히"라고 부사처럼 번역하는 것이 좋다. 반면에, 형용사 앞인 경우 "대단히"라고 할 때는 muy를 사용한다.

El clima es **muy** caluroso. 기후가 대단히 덥다.

Ya es **muy** tarde. 이미 대단히 늦었다.

도우미 2 날씨가 춥거나 더울 때를 표현할 때는 동사 hacer를 사용하고, 사람이 춥고 더울 때를 표현할 때는 동사 tener를 사용한다.

Hace frío. 날씨가 춥다.

Tengo frío. 나는 춥다.

3. 「hace + 기간 + que + 현재동사」 ~한 지가 얼마 되다
과거에 시작된 행위가 아직도 계속되고 있는 것을 표현한다.

¿Cuánto tiempo hace que está usted aquí? 당신은 여기에 머문 지 얼마나 되십니까?

Hace 5 años que estoy en Madrid. 마드리드에 머문 지 5년 됩니다.

불규칙동사 poder

동사 poder(할 수 있다)는 직설법 현재에서 어간 모음 '-o-'가 '-ue-'로 변하는 동사이다. 단, 1, 2인칭 복수는 어간 모음이 변하지 않음에 주의하라.

	단수	복수
1인칭	puedo	podemos
2인칭	puedes	podéis
3인칭	puede	pueden

¿Puedo entrar aquí?   여기 들어가도 됩니까?

No podemos entender bien.   우리들은 잘 이해할 수 없다.

No puedo comer más.   나는 더 이상 먹을 수가 없다.

¿Puedes tocar el piano?   너 피아노 연주할 수 있니?

Sí, puedo tocar el piano.   그래, 피아노 연주할 수 있어.

다음의 동사들은 poder와 동일한 변화형을 갖는다.

llover 비가 오다   **volver** 돌아오다

devolver 돌려주다

「Tener que + 동사원형」

1. 「tener que + 동사원형」 "~을 해야만 한다"라는 표현으로 반드시 해야 하는 의무를 말한다.

Tengo que ir a la escuela. 나는 학교에 가야만 한다.

Tenemos que estudiar mucho. 우리들은 열심히 공부해야만 한다.

2. 부정문이 되면 「no tener que + 동사원형」의 구조를 취하며 "~을 해서는 안 된다" 또는 "~을 할 필요가 없다"라는 뜻이 된다.

Los niños no tienen que fumar. 어린이들은 담배를 피워서는 안 된다.

Ud. no tiene que ir allí. 당신은 거기에 갈 필요가 없습니다.

도우미 1 다음의 표현들도 "~을 해야만 한다"라는 의미를 갖는다.

「Hay que + 동사원형」: 무인칭이며 일반적으로 반드시 해야만 하는 의무를 말한다.

Hay que trabajar más. 열심히 일을 해야만 합니다.

Hay que hacer ejercicio. 운동을 해야만 합니다.

도우미 2 「Deber + 동사원형」: 위의 표현들보다 약하며 도덕적 측면에서 해야 하는 의무를 말한다.

Debes estudiar más. 너는 더 열심히 공부해야 한다.

Aquí no debes fumar. 너는 여기에서 담배를 피워서는 안 된다.

현재 분사

1. 현재분사의 형태

❶ 규칙 형태 : 동사 어미가 '-ar'로 끝나면 '-ando'로 바꾸고, '-er'와 '-ir'로 끝나면 '-iendo'로 바꾸어 현재분사를 만든다.

hablar - **habl**ando

comer - **com**iendo

vivir - **viv**iendo

❷ 불규칙 형태 : 현재분사의 불규칙 형태는 세 유형으로 나눌 수 있다.
어간 모음 '-e-'가 '-i-'로 바뀌는 동사들

decir 말하다	**diciendo**
pedir 요구하다	**pidiendo**
venir 오다	**viniendo**

어간 모음 '-o-'가 '-u-'로 바뀌는 동사들

dormir 자다	**durmiendo**
morir 죽다	**muriendo**
poder 할 수 있다	**pudiendo**

어간이 모음으로 끝나는 경우 '-yendo' 를 사용한다.

creer 믿다		**creyendo**
leer 읽다		**leyendo**
oír 듣다		**oyendo**

▶ 동사 ir의 현재 분사형은 yendo가 되는데 이것은 특별한 경우이다.

2. 현재분사의 용법

「estar + 현재분사」의 구성으로 현재 진행형을 표현한다. 한국어로 "~하고 있는 중이다"라고 표현할 때 사용한다.

¿Qué estás haciendo?　너는 지금 무엇을 하고 있는 중이니?

Estoy preparando la lección.　나는 학과를 준비하고 있는 중이다.

도우미　스페인어에서는 직설법 현재동사가 현재 진행의 의미를 나타낼 수 있다.

¿Qué haces tú ahora?　지금 너는 무엇을 하고 있는 중이니?

Preparo la lección.　나는 학과를 준비하고 있는 중이다.

다음의 동사 ir(가다), venir(오다), continuar(계속하다)와 함께 쓰여 진행중인 동작을 나타낸다.

La chica viene cantando.　그 소녀는 노래하면서 오고 있다.

다음 보기와 같이 연습하시오.

¿Hace calor en verano?	Sí, hace calor en verano.

1. ¿Hace frío en invierno? _______________________________

2. ¿Hace mucho sol en julio? _______________________________

3. ¿Hace fresco en marzo? _______________________________

4. ¿Llueve mucho en tu país? _______________________________

5. ¿Hace buen tiempo en Corea? _______________________________

6. ¿Hace mucho viento hoy? _______________________________

괄호 안의 동사 원형을 주어에 맞게 변화시키시오.

1. Yo ___________ (tener) 21 años.

2. ¿Cuántos años ___________ (tener) vuestro hijo?

3. Nosotros ___________ (tener) que ser puntuales.

4. Vosotros ___________ (tener) que llamar a la policía.

5. Ellos ___________ (tener) que estudiar mucho para el examen.

6. Mi amiga Carmen ___________ (tener) mucho trabajo.

괄호 안의 동사 원형을 현재 분사로 변화시키시오.

1. ¿Qué estás ___________ (hacer) aquí?
2. Estoy ___________ (leer) la lección tres.
3. Ella está ___________ (dormir) en su habitación.
4. ¿Qué estáis ___________ (preparar)?
5. Estamos ___________ (estudiar) las lecciones.
6. ¿Qué está Ud. ___________ (decir)?
7. Ellas vienen ___________ (cantar).

다음의 문장들을 mucho와 muy를 사용하여 완성하시오.

1. Aquí el clima es ___________ suave.
2. En primavera el tiempo es ___________ agradable.
3. En Madrid hace ___________ viento en primavera.
4. Todavía es ___________ temprano.
5. En mi país hace ___________ frío en invierno.

¿Qué desea tomar?

식당에서 주문하기

인칭대명사 직접 목적격
인칭대명사 간접 목적격
서수
불규칙동사 querer
불규칙동사 saber/conocer

Rosa **¡Hola, José!**
안녕, 호세!

José **¡Hola, Rosa! ¿Adónde vas?**
안녕, 로사! 너 어디 가니?

Rosa **Voy a la cafetería estudiantil para almorzar. ¿No vas a comer?**
점심을 먹기 위해 학생 식당에 가. 식사하러 가지 않을래?

José **Sí, ahora tengo mucha hambre. Conozco un restaurante muy bueno.**
그래. 지금 배가 많이 고프다. 내가 좋은 레스토랑을 알고 있어.

Vamos allí. Yo invito.
거기로 가자. 내가 초대할게.

Rosa **Gracias.**
고마워.

....

José **¡Por favor! ¿Tienen una mesa libre?**
여보세요! 빈 식탁이 있나요?

Camarero **Sí, la mesa del rincón está libre.**
네. 구석의 식탁이 비어 있어요.

José **¡Camarero, por favor! ¿Nos puede traer el menú?**
웨이터! 우리에게 메뉴를 가져다 주시겠어요?

Camarero **Un momento. Aquí lo tiene. ¿Qué quieren comer?**
잠시만요. 여기 있습니다. 무엇을 드시기를 원하십니까?

José **De primero, una paella valenciana.**
전식으로 발렌시아식 빠에야를 원합니다.

De segundo, no sé qué comer. ¿Qué me aconseja usted?
본식으로, 무엇을 먹어야 할지 모르겠네. 저에게 무엇을 추천해 주시겠어요?

Camarero **Le recomiendo un cordero asado. Es especialidad de la casa.**
당신에게 양고기구이를 추천합니다. 우리 식당의 특별 메뉴입니다.

José **Bien, de acuerdo. De segundo, voy a tomarlo.**
좋아요. 그렇게 하지요. 본식으로 그것을 먹겠어요.

Rosa, ¿qué deseas tomar?
로사, 너는 무엇을 먹기를 원하니?

Rosa **Yo, de primero, una ensalada, y de segundo, bistec.**
나는 전식으로 셀러드를 먹고, 본식으로 스테이크를 먹을래.

Camarero **Y de postre, ¿qué desean tomar?**
후식으로 무엇을 드시겠어요?

José **Yo, helado de fresa.**
저는 딸기 아이스크림을 원합니다.

Rosa **Yo, fruta del tiempo.**
저는 계절 과일을 원합니다.

Camarero **¿Y para beber?**
음료수는?

José **Yo, una botella de vino tinto de la casa.**
저는 이 식당의 적포도주를 한 병 주세요.

Rosa **Yo, una botella de agua mineral.**
저는 미네랄 워터(석수) 한 병 주세요.

almorzar 점심을 먹다 | **hambre** 허기, 배고픔 | **estudiantil** 학생의 | **conozco** 알다 (동사 conocer의 직설법 현재 1인칭 단수) | **restaurante** 레스토랑 | **te** 너에게 (인칭대명사 간접 목적격), 너를 (인칭대명사 직접 목적격) | **invito** 초대하다 (동사 invitar의 직설법 현재 1인칭 단수) | **libre** 자유의, 비어있는 | **rincón** 구석 | **nos** 우리에게 (인칭대명사 간접 목적격), 우리를 (인칭대명사 직접 목적격) | **traer** 가져오다 | **menú** 메뉴(판) | **momento** 순간 / un momento 잠시만요. | **lo** 그것을 (인칭대명사 직접 목적격격) | **quieren** 원하다 (동사 querer의 직설법 현재 3인칭 복수) | **primero** 첫 번째(의) / de primero 전식으로 | **paella** 빠에야 (쌀, 야채, 고기, 해산물 등을 넣고 찐 밥) | **valenciano/a** 발렌시아식의 | **segundo** 두 번째(의) / de segundo 본식으로, 본 메뉴로 | **sé** 알다 (동사 saber의 직설법 현재 1인칭 단수) | **me** 나에게 (인칭대명사 간접 목적격), 나를 (인칭대명사 직접 목적격) | **aconseja** 조언하다 (동사 aconsejar의 직설법 현재 3인칭 단수) | **le** 당신에게 (인칭대명사 간접 목적격), 당신을 (인칭대명사 직접 목적격) | **recomiendo** 추천하다 (동사 recomendar의 직설법 현재 1인칭 단수) | **cordero** 양(고기) | **asado** 구운 | **especialidad** 특별 메뉴 | **casa** 집, 식당 | **acuerdo** 의견의 일치 | **deseas** 원하다 (동사 desear의 직설법 현재 2인칭 단수) | **ensalada** 셀러드 | **bistec** 스테이크 | **postre** 디저트, 후식 / de postre 후식으로 | **helado** 아이스크림 | **fresa** 딸기 | **fruta** 과일 | **botella** 병 | **vino** 포도주 | **tinto** 적색의 | **agua** 물 | **mineral** 광물의 , 광물을 함유한

인칭대명사 직접 목적격

	단수		복수	
1인칭	**me**	나를	**nos**	우리들을
2인칭	**te**	너를	**os**	너희들을
3인칭	**le**	그를, 당신을	**les**	그들을, 당신들을
	lo	그를, 당신을, 그것을	**los**	그들을, 당신들을, 그것들을
	la	그녀를, 당신을, 그것을	**las**	그녀들을, 당신들을, 그것들을

▶ 중남미의 여러 국가에서는 "(남성) 당신을", "그를" 모두 lo로 사용하는 반면 스페인의 수도 마드리드(Madrid)를 포함한 까스띠야(Castilla) 지방에서는 "그를", "(남성)당신을"의 직접 목적격의 경우 le를 사용하는 경향이 있다.

1. 인칭대명사 직접 목적격은 일반적으로 동사 앞에 위치한다. 그러나 부정사 구문의 경우에는 본 동사 뒤에 붙여쓰기도 하고 조동사 앞에 쓰기도 한다.

> Ana desea comprar esta falda.   아나는 이 치마를 사고 싶어한다.
> Ana desea comprarla.   아나는 그것을 사고 싶어한다.
> Ana la desea comprar.   아나는 그것을 사고 싶어한다.

2. 현재분사의 경우 조동사와 함께 쓰였을 때 인칭대명사 직접 목적격을 현재분사형 뒤에 붙여쓰기도 하고 조동사 앞에 쓰기도 한다.

> Juan está leyendo el periódico.   후안은 신문을 읽고 있는 중이다.
> Juan está leyéndolo.   후안은 그것을 읽고 있는 중이다.
> Juan lo está leyendo.   후안은 그것을 읽고 있는 중이다.

인칭대명사 간접 목적격

	단수		복수	
1인칭	**me**	나에게	**nos**	우리들에게
2인칭	**te**	너에게	**os**	너희들에게
3인칭	**le (se)**	그에게, 그녀에게, 당신에게	**les (se)**	그들에게, 그녀들에게, 당신들에게

1. 인칭대명사 간접 목적격도 일반적으로 동사 앞에 위치한다. 그러나 부정사 구문의 경우에는 본동사 뒤에 붙여쓰기도 하고 조동사 앞에 쓰기도 한다.

El camarero le recomienda una paella. 웨이터는 그에게 빠에야를 추천한다.

El profesor nos explica la historia de España. 교수님은 우리들에게 스페인의 역사를 설명한다.

Ana quiere comprar un libro a su niño. 아나는 자기 아이에게 책을 사주기를 원한다.

Ana le quiere comprar un libro. 아나는 그에게 책을 사주기를 원한다.

Ana quiere comprarle un libro. 아나는 그에게 책을 사주기를 원한다.

2. 현재분사의 경우 조동사와 함께 쓰였을 때 인칭대명사 간접 목적격을 현재분사형 뒤에 붙여쓰기도 하고 조동사 앞에 쓰기도 한다.

El profesor está explicando la lección a los estudiantes.
교수님은 학생들에게 학과를 설명하고 있는 중입니다.

El profesor les está explicando la lección. 교수님은 그들에게 학과를 설명하고 있는 중입니다.

El profesor está explicándoles la lección. 교수님은 그들에게 학과를 설명하고 있는 중입니다.

도우미 인칭대명사 간접 목적격의 중복형 : 대명사가 누구를 지칭하는지 명확히 밝히기 위해서는 중복형을 사용한다.

Él les regala *a ustedes* el libro.   그는 당신들에게 책을 선물한다.

El profesor les recomienda *a Juan y a Ana* un buen libro.
선생님은 후안과 아나에게 한 권의 좋은 책을 추천한다.

3. 인칭대명사 직접 목적격과 간접 목적격이 함께 올 때는 간접 목적격이 먼저 쓰인다.

Juan me presta el lápiz.   후안은 나에게 연필을 빌려 준다.

Juan me lo presta.   후안은 나에게 그것을 빌려 준다.

4. 인칭 대명사 직접 목적격과 간접 목적격이 모두 3인칭이면 간접 목적격 le와 les는 se로 바뀐다.

Nosotros le damos (a José) una pluma.   우리들은 호세에게 펜을 준다.

Nosotros se la damos (a José).   우리들은 호세에게 그것을 준다.

Ella desea regalar a Carlos el libro.   그녀는 까를로스에게 책을 선물하고 싶어 한다.

Ella desea regalárselo.   그녀는 그에게 그것을 선물하고 싶어 한다.

El profesor está explicando las lecciones a los estudiantes.
교수님은 학생들에게 학과들을 설명하고 있는 중입니다.

El profesor les está explicando las lecciones.
교수님은 그들에게 학과들을 설명하고 있는 중입니다.

El profesor se las está explicando. (= El profesor está explicándoselas.)
교수님은 그들에게 그것들을 설명하고 있는 중입니다.

서수

1°	**primero**	2°	**segundo**
3°	**tercero**	4°	**cuarto**
5°	**quinto**	6°	**sexto**
7°	**séptimo**	8°	**octavo**
9°	**noveno**	10°	**décimo**
11°	**undécimo**	12°	**duodécimo**
13°	**decimotercero**	14°	**decimocuarto**
15°	**decimoquinto**	16°	**decimosexto**
17°	**decimoséptimo**	18°	**decimoctavo**
19°	**decimonoveno**	20°	**vigésimo**

1. 서수는 명사의 앞과 뒤에 사용이 가능하며 명사의 성·수에 일치시켜야 한다. primero와 tercero는 남성 단수 명사 앞에서 어미 '-o'를 탈락시킨다. 또한 서수가 명사를 수식하고 있을 때는 그 명사에 관사가 항상 동반되어야 한다.

> el día primero (= el primer día) 첫 째날
>
> el tercer capítulo 제 3장
>
> Estudiamos la quinta lección. 우리는 제 5과를 공부합니다.

2. 열 한 번째 이상의 서수는 명사 뒤에 기수를 써서 서수를 대신하는 경우가 많다.

> el capítulo decimoquinto (= el capítulo quince) 제 15장

불규칙동사 querer

동사 querer(원하다, 좋아하다)는 직설법 현재에서 어간 모음 '-e-'가 '-ie-'로 변하는 동사이다. 1, 2인칭 복수는 어간 모음이 변하지 않는 것에 주의하라.

	단수	복수
1인칭	quiero	queremos
2인칭	quieres	queréis
3인칭	quiere	quieren

❶ 「querer + 동사원형」은 '~하기를 원하다'라는 의미를 가진다.

¿Quieres ir a España?　너 스페인에 가고 싶니?

Sí, quiero ir allí.　그래, 거기에 가고 싶어.

❷ 동사 querer가 사람에 사용되면 '사랑하다'라는 의미를 가진다.

Te quiero.　나는 너를 사랑한다.

다음의 동사들은 querer와 동일한 변화형을 갖는다.

perder 잃다		**entender** 이해하다	
atender 돌보다		**encender** 불을 붙이다	

불규칙동사 saber / conocer

1. 동사 saber(알다)의 직설법 현재

❶ 동사 saber는 '어떤 사실, 지식, 정보 등을 알다' 라는 의미를 갖는다.

	단수	복수
1인칭	sé	sabemos
2인칭	sabes	sabéis
3인칭	sabe	saben

❷ 「saber + 동사원형」은 '~을 할 줄 안다' 라는 의미를 가진다.

María sabe hablar español.　마리아는 스페인어를 말할 줄 안다.

¿Sabe Ud. jugar al tenis?　당신은 테니스 치실 줄 압니까?

❸ '사실을 알다' 라는 의미로 사용된다.

¿Sabes dónde está Juan?　후안이 어디에 있는지 아니?

No, no lo sé.　아니오, 모릅니다.

❹ '~의 맛이 나다(saber a)' 라는 표현에 사용된다.

Este zumo sabe a naranja.　이 주스는 오렌지 맛이 난다.

2. 동사 conocer(알다)의 직설법 현재

동사 conocer는 '경험으로 알다, 아주 정통하게 알다' 라는 의미를 갖는다.

	단수	복수
1인칭	conozco	conocemos
2인칭	conoces	conocéis
3인칭	conoce	conocen

¿Conoce Ud. a Manolo?   당신은 마놀로를 아십니까?

Sí, lo conozco.   네, 그를 압니다.

Ella también conoce a Manolo.   그녀도 마놀로를 (어떤 사람인지) 알고 있다.

Conocemos esta ciudad.   우리는 이 도시를 안다. (가 보았다.)

Conozco un restaurante muy bueno.   아주 좋은 레스토랑을 알고 있다.

 Juan conoce a fondo la filosofía occidental.   후안은 서양 철학을 깊이 알고 있다.

다음의 각 표현을 논리적인 대화가 되도록 연결하시오.

1.	¡Por favor! ¿Me trae el menú?	a	Un vaso de agua.
2.	¿Qué me recomienda usted?	b	Aquí la tiene.
3.	Para beber, ¿qué deseas?	c	Un yogur, por favor.
4.	La cuenta, por favor.	d	Aquí lo tiene.
5.	¿Qué vas a tomar de postre?	e	Le recomiendo el bistec.

다음 문장의 빈 칸에 알맞은 인칭대명사 직접 목적격 또는 간접 목적격을 넣으시오.

1. Juan invita a Rosa y a María.

   Juan ____________ invita.

2. María quiere comprar una falda a su mamá.

   María ____________ quiere comprar a su mamá.

3. Los padres les regalan a los niños los juguetes.

   Los padres ____________ ____________ regalan.

4. El profesor explica la lección a los alumnos.

   El profesor ____________ ____________ explica.

5. Mañana devuelvo el dinero a mis amigos.

   Mañana ____________ ____________ devuelvo.

6. Antonio y Ana les recomiendan esta cafetería.

   Antonio y Ana ____________ ____________ recomiendan.

7. El camarero trae un vino tinto a Antonio.

   El camarero ____________ ____________ trae.

8. Nosotros estamos esperando el autobús.

Nosotros _____________ estamos esperando.

9. Pedro vende su casa a Carmen.

Pedro _____________ _____________ vende.

10. Domingo está escuchando la música latina.

Domingo _____________ está escuchando.

다음 문장의 빈칸에 saber와 conocer동사 중 알맞은 것을 선택하여 문장에 맞도록 변화시키시오.

1. Yo _____________ que este señor es muy bueno.

2. Juan y María _____________ hablar español.

3. Yo _____________ a Carlos.

4. Nosotros _____________ esta ciudad.

5. ¿ _____________ Ud. jugar al tenis?

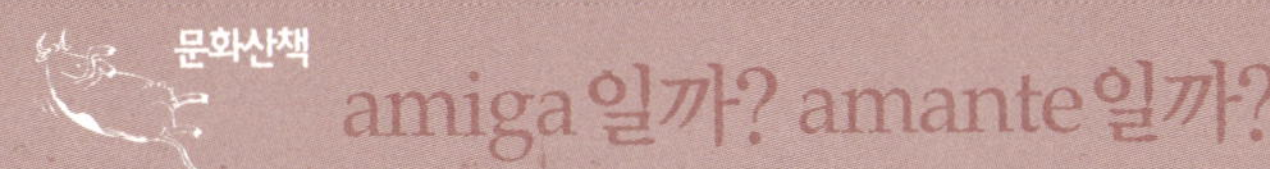

유유상종(類類相從)이라는 말이 있습니다. 스페인 사람들은 과연 친구 따라 강남말고 어디로 갈 지 궁금하지만 비슷한 표현이 있습니다. Dime con quién andas y te diré quién eres. 직역을 하면 '네가 누구랑 다니는지 말해 봐, 그러면 네가 어떤 사람인지 말해 줄게' 라는 뜻입니다. 아마도 스페인어에서 아름다운 단어 중의 하나가 친구(amigo)일 것입니다. 참고로 애인은 novio(a)라고 합니다. 지금은 단종되었지만 모 전자회사의 전화기 이름이 아만테(amante, 정부)였습니다. 애인 이상의 관계를 가진 단어가 한때 사용된 것은 참 에피소드라고 하지만 스페인어를 배운지 얼마 안된 여학생이 자기 남자친구를 소개하면서 amante라고 소개할 때 웃어야 할 지 심각한 표정을 지어야 할 지 스페인 사람과 같이 있을 때 더욱 난처한 경우가 있답니다.

스페인어 발음이 쉬워서 그런지 우리 주변에 스페인어로 된 상표가 의외로 많은 것을 알 수 있습니다. 특히 자동차 명칭에서 많이 발견됩니다.

Espero	나는 기다린다
Avante	전진
Cielo	하늘
Damas	숙녀들
Matiz	색조
Tiburón	상어
Santa Fe	신성한 믿음, 뉴멕시코의 휴양도시
Carnival	사육제 행사
Presto	민첩한

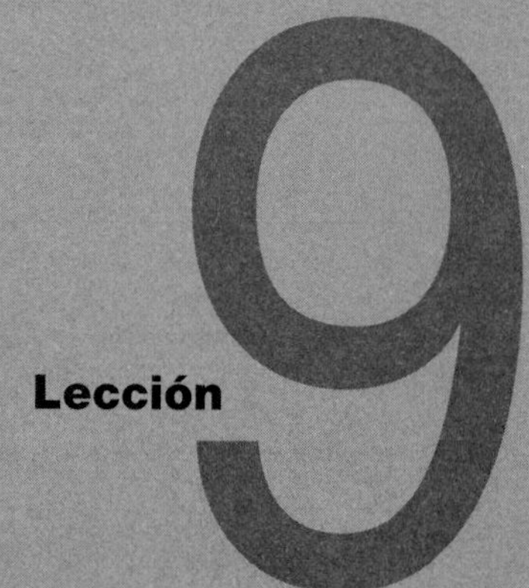

Lección 9

¿Qué haces el fin de semana?

일상 생활 말하기

동사 gustar의 용법
인칭대명사 전치격
불규칙동사 salir
재귀대명사와 재귀동사
과거분사

Ana   **¡Hola, Luis!**
안녕 루이스!

Luis   **¡Hola, Ana! ¿Cómo estás?**
안녕 아나! 어떻게 지내니?

Ana   **Estoy muy bien. ¿Y tú?**
나는 아주 잘 지내. 너는 어떠니?

Luis   **Estoy muy cansado. Quiero descansar.**
아주 피곤해. 쉬고 싶어.

Ana   **¡Ánimo! Hoy es viernes, y mañana ya es el fin de semana.**
힘내! 오늘은 금요일이고 내일은 벌써 주말이야.

Luis   **Ana, ¿qué haces el fin de semana?**
아나, 주말에 뭐하니?

Ana   **Generalmente los sábados me levanto tarde. Por la mañana**
일반적으로 매주 토요일에 나는 늦게 일어나.

hago la limpieza y la compra. Por la tarde leo un poco y escucho
오전에는 청소와 쇼핑을 하지. 오후에는 독서를 조금 하고

música, y por la noche voy a la discoteca porque me gusta mucho bailar.
음악을 들어. 그리고 저녁에는 디스코텍에 가. 왜냐하면 나는 춤 추는 것을 매우 좋아하기 때문이야.

Los domingos por la mañana voy al parque para pasear y correr.
매주 일요일 아침에는 산보하고 뛰러 공원에 가.

Y luego paso la tarde en casa y me acuesto temprano.
그리고 집에서 오후를 보내고 일찍 잠자리에 들어.

Y tú, ¿qué haces el fin de semana?
너는 주말에 뭐하니?

Luis   **Los sábados por la mañana voy de compras. Por la tarde**
나는 매주 토요일 오전에는 쇼핑을 가.

siempre salgo con algún amigo y vamos al cine o a algún concierto.
오후에는 항상 어떤 친구와 함께 나가서 영화관이나 혹은 어떤 콘서트에 가지.

Los domingos normalmente voy a ver alguna exposición
매주 일요일마다 대개 어떤 전시회를 보러 가고

y por la noche ceno fuera con mi familia.
저녁에는 가족들과 밖에서 저녁식사를 해.

Pero este fin de semana tengo que quedarme en casa
그러나 이번 주말에는 회화 시험을 준비하기 위해

o en la biblioteca para preparar el examen de conversación.
집이나 도서관에 있어야 해.

Ana **¡Qué lástima! ¿Cuándo es el examen?**
정말 안 됐구나! 시험이 언제인데?

Luis **El próximo lunes.**
다음주 월요일이야.

Ana **Te deseo mucha suerte.**
네게 행운이 많기를 바래.

Luis **Gracias.**
고맙다.

---

cansado 피곤한, 지친 | **ánimo** 힘, 원기 | **descansar** 쉬다 | **fin** 끝, 마지막 | **generalmente** 보통, 일반적으로 | **me levanto** 일어나다 (재귀동사 levantarse의 직설법 현재 1인칭 단수) | **limpieza** 청소, 소제 | **compra** 쇼핑 | **leo** 읽다 (동사 leer의 직설법 현재 1인칭 단수) | **música** 음악 | **escucho** 듣다 (동사 escuchar의 직설법 현재 1인칭 단수) | **a mí** 나에게, 나를 (인칭대명사 전치격) | **gusta** 좋아하다 (동사 gustar의 직설법 현재 3인칭 단수) | **bailar** 춤추다 | **pasear** 산보하다 | **correr** 뛰다, 달리다 | **paso** 보내다, 지나다 (동사 pasar의 직설법 현재 1인칭 단수) | **me acuesto** 자리에 눕다 (재귀동사 acostarse의 직설법 현재 1인칭 단수) | **siempre** 항상 | **salgo** 나가다 (동사 salir의 직설법 현재 1인칭 단수) | **normalmente** 정상적으로, 일반적으로 | **alguno/a** 어느, 어떤 (남성 단수명사 앞에서 algún으로 된다) | **concierto** 콘서트 | **exposición** 전시회 | **ceno** 저녁을 먹다 (동사 cenar의 직설법 현재 1인칭 단수) | **fuera** 밖에서 | **quedar** 남다, 머물다 (재귀대명사 se가 붙으면 의미가 강조된다) | **biblioteca** 도서관 | **lástima** 유감스러움 | **próximo/a** 인접한, 다음의 | **deseo** 원하다 (동사 desear의 직설법 현재 1인칭 단수) | **suerte** 운, 행운

동사 gustar의 용법

1. 동사 gustar는 "~을 좋아하다"라는 표현을 할 때 쓰이는 동사로 여타의 동사들과 사용법이 다르다. "나는 이 꽃을 좋아한다"라고 표현할 경우 Yo gusto esta flor라고 하지 않고 Me gusta esta flor라고 해야 한다. 이때 문법적인 주어는 esta flor이고 의미상의 주어는 주격이 아닌 간접 목적격 형태(me, te, le, nos, os, les)를 취해야 한다. 그래서 위의 예문을 직역하면, "이 꽃이 나에게 즐거움을 준다"가 되지만 실제 번역은 "나는 이 꽃을 좋아한다"로 하는 것이 자연스럽다. 동사는 문법적인 주어에 일치시켜야 한다.

Me gusta el café con leche.　나는 밀크 커피를 좋아한다.

Nos gustan las flores.　우리는 꽃들을 좋아한다.

Le gusta la música.　그는 음악을 좋아한다.

¿Te gustan los chicos guapos?　너는 잘생긴 소년들을 좋아하지?

2. 부정사도 gustar동사의 문법적인 주어가 될 수 있다.

¿Os gusta ir al cine?　너희들은 영화관에 가는 것을 좋아하니?

Sí, nos gusta ir al cine.　그래, 우리들은 영화관에 가는 것을 좋아해.

¿Qué te gusta?　너는 무엇을 좋아하니?

Me gusta jugar al fútbol.　나는 축구하는 것을 좋아해.

Me gusta cantar y bailar.　나는 노래하고 춤추는 것을 좋아한다.

▶ 접속사 y로 연결된 부정사들이 **gustar**의 문법적 주어가 되는 경우 복수형이 아닌 단수형으로 쓰는 것이 일반적이다.

3. 문법적인 목적어로 쓰인 간접 목적격의 뜻을 강조하거나 명확히 밝힐 필요가 있을 때 중복형 (a mí, a ti, a él 등)을 사용한다. 이때 중복형은 gustar동사 뒤나 간접 목적격 앞에 위치할 수 있다.

Le gusta a Carmen la rosa. (= A Carmen le gusta la rosa.)   까르멘은 장미를 좋아한다.

Le gusta a él la música latina. (= A él le gusta la música latina.)
그는 라틴 음악을 좋아한다.

Les gusta a Juan y a María ir al parque. (= A Juan y a María les gusta ir al parque.)
후안과 마리아는 공원에 가는 것을 좋아한다.

4. 부정문의 경우는 부정어 'no' 를 간접 목적격 앞에 사용하며, 중복형이 함께 올 경우에는 중복형이 맨 앞에 위치한다.

¿Te gusta ver la televisión?   너는 텔레비전 보는 것을 좋아하니?

No, no me gusta ver la televisión.   아니, 나는 텔레비전 보는 것을 좋아하지 않아.

A nosotros no nos gusta el fútbol.   우리들은 축구를 좋아하지 않는다.

A Juan y a Carmen no les gusta la gramática.   후안과 까르멘은 문법을 좋아하지 않는다.

도우미 동사 gustar와 같은 구조를 취하는 동사로 encantar ('매혹시키다', '매우 좋아하다')가 있다.

¿Te encantan las fiestas?   너는 축제들을 매우 좋아하니?

Sí, me encantan las fiestas.   그래, 나는 축제들을 매우 좋아해.

인칭대명사 전치격

1. 인칭대명사가 전치사와 함께 쓰일 경우 전치격을 사용한다. 예로, 전치사 de와 함께 사용해 보자.

de mí	**de nosotros(-as)**
de ti	**de vosotros(-as)**
de él	**de ellos**
de ella	**de ellas**
de usted	**de ustedes**

El español y el inglés son muy importantes para mí.
스페인어와 영어는 나에게 있어서 대단히 중요하다

Él siempre piensa en ti.   그는 항상 너를 생각한다.

Este coche es de él.   이 차는 그의 것이다.

La casa es para mí.   그 집은 나를 위한 것이다.

No puedo vivir sin ti.   나는 너 없이 살 수가 없다.

2. 전치사 con이 mí나 ti와 함께 올 경우 각각 conmigo와 contigo의 형태를 취한다.

Roberto canta conmigo.   로베르또는 나와 함께 노래한다.

¿Estudia Juan contigo?   후안이 너와 함께 공부하니?

Sí, estudia conmigo.   그래, 그는 나와 함께 공부해.

3. 전치사 con이 3인칭 대명사와 함께 쓰일 경우 두 가지 형태가 가능하다(con él/ ella/ Ud./ ellos/ ellas/ Uds.와 consigo). 그러나 그 의미는 차이가 있다.

José lleva la maleta con él. 호세는 그와 함께 가방을 들고 간다.

José lleva la maleta consigo. 호세는 자신이 손수 가방을 들고 간다.

불규칙동사 salir

동사 salir는 '나가다'라는 뜻을 가지며, 1인칭 단수에서 어간에 g가 덧붙는 동사이다.

	단수	복수
1인칭	salgo	salimos
2인칭	sales	salís
3인칭	sale	salen

¿Cuándo sales de casa? 집에서 언제 나가니?

Salgo de casa a las ocho de la mañana. 아침 8시에 나갑니다.

다음의 동사들은 salir와 동일한 변화형을 갖는다.

venir 오다　　　　　　**decir** 말하다

asir 쥐다

재귀대명사와 재귀동사

1. 재귀대명사 se

재귀대명사 se는 "자기 자신"을 나타내는 대명사로 내용상 직접목적격(자기 자신을) 또는 간접목적격(자기 자신에게)으로 사용된다. 재귀대명사 se의 변화형은 다음과 같다.

	단수	복수
1인칭	**me** 나 자신을/에게	**nos** 우리 자신을/에게
2인칭	**te** 너 자신을/에게	**os** 너희들 자신을/에게
3인칭	**se** 그 남자, 그 여자, 당신, 그 물건 자신을/에게	**se** 그 남자들, 그 여자 들, 당신들, 그 물건들 자신을/에게

2. 재귀동사

재귀동사는 대부분 타동사에 재귀대명사 se를 합쳐 만든다. 재귀동사는 의미상으로 주어가 행하는 행동이 자기 자신에게 되돌아가는 동사이다. '일으키다' 라는 의미의 타동사 levantar의 경우, 재귀대명사 se를 합쳐 levantarse라는 재귀동사를 만들면 일으키는 행위의 대상이 자신이 되어 '자신을 일으키다' 즉 '일어나다' 라는 의미의 자동사가 된다. 재귀대명사는 동사의 변화형 앞에 위치한다.

	단수	복수
1인칭	me levanto	nos levantamos
2인칭	te levantas	os levantáis
3인칭	se levanta	se levantan

¿A qué hora te levantas?　너는 몇 시에 일어나니?

Me levanto a las siete.　나는 7시에 일어납니다.

¿A qué hora os acostáis?　너희들은 몇 시에 잠자리에 드니?

Nos acostamos a las doce.　우리들은 12시에 잠자리에 듭니다.

다음의 동사들도 타동사에 재귀대명사가 붙은 경우이다.

acostar 눕히다		**acostarse** 눕다	
bañar 목욕시키다		**bañarse** 목욕하다	
duchar 샤워시키다		**ducharse** 샤워하다	
despertar 깨우다		**despertarse** 깨다	
peinar 머리를 빗어주다		**peinarse** 머리 빗다	
alegrar 기쁘게 하다		**alegrarse** 기쁘다	
casar 결혼시키다		**casarse** 결혼하다	
sentar 앉히다		**sentarse** 앉다	

자동사에 재귀대명사가 붙어 의미가 강조되는 경우가 있다.

quedarse 남다, 머물다	**irse** 가버리다
dormirse 잠들어 버리다	

과거분사

1. 과거분사의 형태

❶ 규칙 형태 : 동사 어미가 '-ar' 로 끝나면 '-ado' 로 바꾸고, '-er' 와 '-ir' 로 끝나면 '-ido' 로 바꾸어 과거분사형을 만든다.

hablar	-	**habl**ado
comer	-	**com**ido
vivir	-	**viv**ido

❷ 과거분사의 불규칙 형태는 다음과 같이 나눌 수 있다.
과거 분사의 어미가 '-to' 인 동사들

abrir 열다	→	**abierto**
escribir 쓰다	→	**escrito**
morir 죽다	→	**muerto**
poner 놓다	→	**puesto**
ver 보다	→	**visto**
volver 돌아가다	→	**vuelto**

과거분사의 어미가 '-cho' 인 동사들

hacer 하다	→	**hecho**
decir 말하다	→	**dicho**

2. 과거분사의 용법

❶ 형용사로 쓰이는 과거분사 : 과거분사는 형용사와 마찬가지로 명사를 직접 수식하거나 보어로 쓰일 수 있다. 이때 과거분사는 수식하는 명사의 성 · 수에 일치시켜야 한다.

> los libros escritos en español   스페인어로 쓰여진 책들
> Teresa está cansada.   떼레사는 지쳐 있다.
> La clase está bastante desordenada.   교실이 매우 어질러져 있다.
> una pareja recién casada   막 결혼한 한 쌍

❷ 「estar + 과거분사」로 완료된 상태를 나타낸다. 과거분사는 주어의 성 · 수에 일치시켜야 한다. 동사 estar가 현재일 경우라도 완료된 행위를 뜻하게 된다.

> La comida está preparada.   식사가 준비되었다.

다음 보기와 같이 연습하시오.

¿Te gusta la música?	**Sí, me gusta la música.**

1. **¿Te gusta leer?** _______________________________
2. **¿Te gusta viajar?** _______________________________
3. **¿Os gusta ir al cine?** _______________________________
4. **¿Le gusta el fútbol?** _______________________________
5. **¿Les gusta pasear?** _______________________________

다음 문장의 빈칸에 인칭대명사 간접 목적격을 알맞게 넣으시오.

1. **A mí** ___________ **gusta pasear.**
2. **A María** ___________ **gusta ir al parque.**
3. **A mis amigos** ___________ **gusta el zumo de naranja.**
4. **A ellas** ___________ **gusta la música.**
5. **A vosotros** ___________ **gusta el fútbol.**
6. **A ti** ___________ **gusta viajar.**
7. **A nosotros** ___________ **gusta ir de compras.**
8. **A Juan** ___________ **gusta leer.**

다음 문장의 빈칸에 재귀대명사를 알맞게 넣으시오.

1. ¿A qué hora _____________ levantas?
2. _____________ levanto a las ocho de la mañana.
3. ¿A qué hora _____________ acostáis?
4. _____________ acostamos a las once de la noche.
5. ¿Cómo _____________ llamas? _____________ llamo Minsu.

괄호 안의 동사 원형을 과거분사로 변화시키시오.

1. Éstos son los libros _____________ (escribir) en inglés.
2. ¿Está _____________ (cansar) Teresa?
3. La habitación está _____________ (desordenar).
4. Es una pareja recién _____________ (casar).
5. La comida ya está _____________ (preparar).

Lección

10

¿Cuánto vale?

Diálogo

Ramón ¿Cómo está el frigorífico, Rosa?
로사, 냉장고가 어떤 상태니?

Rosa Está vacío. Solamente hay una botella de leche.
비어 있어. 단지 우유 한 병이 있어.

Ramón ¿Qué te parece si vamos al mercado para comprar algo?
뭔가를 사러 시장에 가는 게 어때?

Rosa Me parece bien. Vamos al mercado.
좋다고 생각해. 시장에 가자.

....

Rosa ¡Hola, buenas tardes!
안녕하세요!

Dependiente ¡Hola, buenas tardes! ¿Qué desea?
안녕하세요! 무엇을 원하십니까?

Rosa Un kilo de carne, por favor.
고기 1킬로 주세요.

Dependiente ¿De ésta o de aquélla?
이것을 원하세요, 혹은 저것을 원하세요?

Rosa Prefiero de ésta. Parece más fresca. ¿Cuánto vale?
이것을 원해요. 더 신선해 보이네요. 얼마입니까?

Dependiente Vale 10 euros.
10 유로입니다.

Ramón Ahora vamos a la pescadería. Me gusta mucho el pescado.
이제 생선 가게로 가자. 나는 생선을 매우 좋아해.

....

Ramón ¿Tienen ustedes merluza fresca?
신선한 대구 있습니까?

Empleada Sí. Es ésta de aquí.
네, 여기 이것입니다.

Ramón **¿A cuánto está el kilo?**
킬로당 얼마입니까?

Empleada **A 20 euros el kilo.**
킬로당 20 유로입니다.

Ramón **Es carísima. Quiero comprar algo menos caro.**
너무 비싸네요. 덜 비싼 생선을 사기를 원해요.

Empleada **El salmón es más barato que la merluza. Está a 15 euros el kilo.**
연어는 대구보다 더 쌉니다. 킬로당 15 유로입니다.

Ramón **Entonces un kilo de salmón.**
그러면 연어 1킬로 주세요.

Rosa **¿Compramos fruta?**
우리 과일 살까?

Ramón **Sí, claro. ¿Manzanas?**
그래. 사과 살래?

Rosa **Me gustan más las naranjas que las manzanas.**
나는 사과보다 오렌지가 더 좋아.

Ramón **A mí me gustan más las manzanas.**
나는 사과가 더 좋아.

Rosa **Entonces, vamos a comprar dos kilos de naranjas y dos kilos**
그러면 오렌지 2킬로와 사과 2킬로 사자.

de manzanas. Las naranjas son tan buenas como las manzanas.
오렌지는 사과만큼 좋은 과일이야.

---

frigorífico 냉장고 | **vacío/a** 비어 있는 | **solamente** 단지, 오직 | **leche** 우유 | **mercado** 시장 | **algo** 어떤 것 | **si** ~이면 | **parece** ~으로 보이다, 생각되다 | **kilo** 킬로그램 (=kilogramo) | **carne** 고기 | **prefiero** 더 좋아하다 (동사 preferir의 직설법 현재 1인칭 단수) | **vale** 값이 나가다 (동사 valer의 직설법 현재 3인칭 단수) | **euro** 유로화 (유럽 연합 12개국의 공식 화폐 단위) | **pescadería** 생선 가게 | **pescado** 생선 | **merluza** 대구 (생선) | **menos** 덜 | **carísimo/a** 아주 비싼, 최고로 비싼 (caro의 절대 최상급) | **caro/a** 비싼 | **barato/a** 싼 | **salmón** 연어 | **manzana** 사과 | **tan(to) ... como** ~와 마찬가지로, ~와 같은 정도로

비교어

1. 형용사의 비교

형용사의 비교에는 우등 비교급, 열등 비교급, 우등 최상급, 열등 최상급, 동등 비교급 그리고 절대 최상급이 있다.

❶ 우등 비교급 :「más + 형용사 + que」

María es más simpática que Ana. 마리아는 아나보다 더 마음씨가 좋다.

Juan es más inteligente que Pedro. 후안은 뻬드로보다 더 영리하다.

La merluza es más cara que el salmón. 대구가 연어보다 더 비싸다.

❷ 열등 비교급 :「menos + 형용사 + que」

Su hijo es menos alto que mi hija. 그의 아들은 나의 딸보다 덜 크다.

Mi madre es menos gorda que yo. 나의 어머니는 나보다 덜 뚱뚱하다.

El perro es menos pesado que el caballo. 개는 말보다 덜 무겁다.

❸ 우등 최상급 :「정관사(el/la) + más + 형용사 + 전치사 (de, entre)」

Este coche es el más caro de todos. 이 차는 모든 차들 중에 가장 비싸다.

Juana es la más bonita entre sus amigas. 후아나는 자기 친구들 중에서 가장 예쁘다.

❹ 열등 최상급 :「정관사(el/la) + menos + 형용사 + 전치사 (de, entre)」

Ella es la menos alta de la clase.   그녀는 반에서 가장 키가 작다.

Este jardín es el menos hermoso entre todos.   이 정원은 모든 정원들 중에서 가장 예쁘지 않다.

❺ 동등 비교급 :「tan + 형용사 + como」로 구성된다.

José es tan alto como su hermano.   호세는 그의 형만큼 키가 크다.

Rosa es tan inteligente como María.   로사는 마리아만큼 똑똑하다.

2. 형용사의 절대최상급

다른 것과 비교하는 것이 아니고 형용사를 강조하는 표현이다. 형용사에 -ísimo를 붙여 만드는데,
자음으로 끝나는 형용사는 형용사 뒤에 -ísimo를 붙이고, 모음으로 끝나는 형용사는 모음을 떼고
-ísimo를 붙인다. 명사의 성 · 수에 일치해야 한다.「muy + 형용사」도 절대 최상급이다.

difícil   어려운   **dificilísimo (= muy difícil)**   아주 어려운

caro   비싼   **carísimo (= muy caro)**   극히 비싼

bueno   좋은   **buenísimo. (= muy bueno)**   아주 좋은

Muchísimas gracias.   정말로 대단히 감사합니다.

3. 명사의 비교

명사의 비교에는 más, menos와 tanto가 사용되는데, tanto는 성 · 수 변화를 한다.

❶ 우열 비교 : 「más/menos + 명사 + que」

Antonio tiene más libros que su profesor.   안또니오는 그의 선생님보다 책을 더 많이 가지고 있다.

Yo tengo menos libros que tú.   나는 너보다 책을 덜 가지고 있다.

El amor tiene más fuerza que la muerte.   사랑은 죽음보다 더 힘이 있다.

❷ 동등 비교 : 「tanto + 명사 + como」

Ana tiene tantas novelas como su hermana.   아나는 자기 여동생만큼 소설책을 가지고 있다

Ella tiene tantos problemas como su esposo.   그녀는 자기 남편만큼 문제를 가지고 있다.

도우미 1   「más/ menos de + 수량」은 "~이상/ ~이하"의 의미를 가진다.

Mi profesor tiene más de mil libros.   나의 교수님은 천 권 이상의 책을 가지고 계신다.

Tengo menos de diez euros.   나는 10유로 이하를 가지고 있다.

Él tiene menos de 20 años.   그는 20세 이하이다.

도우미 2   「no... más que」는 '~밖에 아니다, 단지 ~이다' 라는 의미를 가진다.

José no tiene más que 20 euros.   호세는 20 유로밖에 없다.

Ella no tiene más que dos hijas.   그녀는 딸 둘밖에 없다.

불규칙동사 preferir

동사 preferir(더 좋아하다)는 직설법 현재에서 어간 모음 '-e-' 가 '-ie-' 로 변하는 동사이다. 단 1, 2 인칭 복수는 어간 모음이 변하지 않음에 주의하라.

	단수	복수
1인칭	**prefiero**	**preferimos**
2인칭	**prefieres**	**preferís**
3인칭	**prefiere**	**prefieren**

「preferir A a B」는 'B보다 A를 더 좋아하다' 라는 의미를 가진다.

Prefiero tomar una cerveza.   나는 맥주 한 잔 마시는 게 더 좋다.

Prefiero la cerveza al vino.   나는 포도주보다 맥주를 더 좋아한다.

다음의 동사들은 preferir와 동일한 변화형을 갖는다.

mentir 거짓말하다   **divertir** 즐거움을 주다

convertir 변화시키다   **sentir** 느끼다

동사 parecer를 이용한 표현

"~처럼 보이다" 혹은 "~같이 생각되다(의견을 말할 때)"라는 표현을 할 때 동사 parecer를 사용한다. 의견의 주체를 나타내는 인칭대명사 간접 목적격과 함께 사용된다.

Me parece que Juan es inteligente.   나에게는 후안이 똑똑한 것처럼 보인다.

¿Te parece que Carolina viene ahora?   너는 까롤리나가 지금 올 것이라 생각되니?

¿Qué te parece esto?   너는 이것을 어떻게 생각하니?

Me parece muy mal.   나는 매우 나쁘다고 생각해.

¿Qué te parecen los coreanos?   한국인을 어떻게 생각하니?

Me parecen simpáticos.   친절하다고 생각해.

¿Qué te (os, le, les) parece si... ?는 "만일 ~하면 너(너희들, 그/그녀/당신, 그들/그녀들/당신들)에게는 어떨 것 같니?' 즉, "~하는게 어때?"라는 권유의 표현이다.

¿Qué te parece si tomamos vino?   우리 포도주 마시는 게 어때?

Me parece bien.   좋다고 생각해.

도우미   Parecer를 이용한 표현에서 간접 목적격을 빼면 무인칭 표현이 된다. 즉, 확정된 주어가 있는 것이 아니라 '일반적이고 객관적으로 그렇다' 는 의미를 갖게 된다.

Me parece que Juan no viene.
내가 보기에 후안은 오지 않는다. (남들의 의견과 상관없이 내 생각에 오지 않는다는 의미)

Parece que Juan no viene.   후안은 오지 않을 것처럼 보인다. (일반적이고 객관적인 의견)

-mente 부사

1. ‘-o’ 로 끝난 형용사는 ‘-o’ 를 ‘-a’ 로 바꾸어 ‘-mente’ 를 붙이고, ‘-o’ 가 아닌 철자로 끝난 형용사는 그대로 어미에 ‘-mente’ 를 붙여 부사를 만든다.

solo 오직 하나의		**solamente** 오직, 단지	
claro 명확한		**claramente** 명확하게	
cómodo 편리한		**cómodamente** 편하게	
feliz 행복한		**felizmente** 행복하게	
fácil 쉬운		**fácilmente** 쉽게	

2. 두 개 이상 ‘-mente’ 가 붙은 부사가 연결될 경우, 맨 마지막 것을 제외하고 앞의 것들은 ‘-mente’ 를 생략한다. 이때 ‘-o’ 로 끝난 형용사라면 그 ‘-o’ 는 ‘-a’ 로 바꾸어야 한다.

El profesor habla clara y lentamente. 교수님은 명확하게 그리고 천천히 말하신다.

다음 보기와 같이 연습하시오.

> **Este niño es simpático. / aquél   Aquél es más simpático que éste.**

1. **Aquella niña es bonita. / ésta** ______________________
2. **Este hotel es caro. / aquél** ______________________
3. **Juan es guapo. / Pedro** ______________________
4. **Esa casa es grande. / ésta** ______________________
5. **Este señor es rico. / aquél** ______________________

다음 보기와 같이 연습하시오.

> **Aquel hombre es alto. / éste   Sí, es tan alto como éste.**

1. **Aquella silla es pequeña. / ésta** ______________________
2. **Aquel estudiante es inteligente. / éste** ______________________
3. **Aquel pescado es caro. / éste** ______________________
4. **Aquella chica es baja. / ésta** ______________________
5. **Aquellas casas son bonitas. / éstas** ______________________

습관의 차이

스페인은 바가 매우 많은 나라입니다. 우리나라에도 최근에 유럽 스타일의 바가 많이 생겼지만 스페인의 경우에는 아침 식사를 상당수의 사람들이 직장 근처 바에서 간단히 하는 사람이 많습니다. 식당이나 바에서 식사를 하거나 음료수를 마실 경우에 스페인에서는 좌석에 따라서 가격 차이가 있습니다. 테이블이 있는 좌석에 앉아서 서비스를 받을 경우에는 돈을 좀 더 내야 합니다. 우리는 식사하거나 음료를 마시고 나서 계산대에 가서 지불하면 그만이지만 스페인이나 중남미의 경우는 다릅니다. 일단 웨이터(camarero)에게 계산서(cuenta 혹은 dolorosa)를 가져다 달라고 부탁하면 가져옵니다. 이때 현금으로 계산을 한 경우 팁을 지불할 수 있도록 지폐 대신 잔돈을 조그마한 접시 위에 가져옵니다. 보통 10% 이내의 팁(propina)을 주는 게 관례입니다. 스페인의 젊은 사람들이 즐겨 마시는 술은 생맥주(caña)라고 할 수 있습니다. 그들은 한 군데에서 마시는 것보다 친구들과 여러 군데를 다니면서 마시는 것을 좋아하지요. 그래서 ir de bares라는 표현이 생겼지요. 바를 여러 군데 다닌다는 뜻입니다.

Lección

11

¿Cómo le quedan?

Dependiente ¡Buenas tardes!, señorita, ¿qué desea Ud.?
안녕하세요! 아가씨, 무엇을 원하세요?

Julia ¡Buenas tardes! Quiero comprar unos zapatos.
안녕하세요! 구두를 사고 싶어요.

Me gusta el modelo que está en el escaparate.
진열장에 있는 모델이 마음에 들어요.

Dependiente ¿Qué número calza usted? Creo que de ese modelo sólo
몇 싸이즈 신으세요? 이 모델로는 단지 적은 싸이즈밖에는 없는데요.

tenemos números pequeños. A ver cómo le quedan.
당신에게 맞는지 봅시다.

Julia Me quedan pequeños. ¿No tienen otro número mayor?
나에게 적군요. 조금 더 큰 다른 싸이즈 없나요?

Dependiente No, lo siento. ¿Por qué no se prueba estos amarillos?
없습니다. 미안합니다. 이 노란 구두를 신어보시는 것이 어떨지요?

Son mucho más cómodos y de mejor calidad.
훨씬 더 편안하고 질도 좋습니다.

Por supuesto, son más caros que los del escaparate.
물론 진열장의 구두보다 더 비쌉니다.

Julia No, gracias, no me gustan.
아니요. 감사합니다. 마음에 안 들어요.

Dependiente Pues, ¿qué le parecen estos negros?
그러면 이 검은 구두는 어떠세요?

Son comodísimos y no tan caros como los amarillos.
대단히 편하고 노란 구두만큼 그렇게 비싸지도 않아요.

Julia Sí, es verdad, pero me quedan un poco grandes.
네, 정말 그렇군요. 그러나 나에게 조금 크네요.

¿Puede Ud. mostrarme un número menor?
더 작은 싸이즈를 보여주시겠어요?

Dependiente **Por desgracia su número está agotado en este modelo.**
불행히도 그 싸이즈는 이 모델로는 다 떨어졌네요.

Pero aquí tengo unos azules que están muy bien de precio.
하지만 여기에 가격이 괜찮은 파란색 구두가 있어요.

Ahora están rebajados.
지금 세일 중입니다.

Julia **Pero el color no me gusta.**
그러나 색깔이 마음에 들지 않아요.

Dependiente **¿De qué color los quiere?**
무슨 색깔의 구두를 원하세요?

Julia **Los quiero marrones.**
밤색 구두를 원합니다.

Dependiente **Un momento. Aquí los tiene. ¿Cómo le quedan?**
잠시만요. 여기 있습니다. 잘 맞습니까?

Julia **Me quedan bien. Los compro.**
잘 맞는군요. 그것을 사겠어요.

Dependiente **¿Paga Ud. en efectivo o con tarjeta de crédito?**
현금으로 계산하시겠어요. 아니면 신용카드로 계산하시겠어요?

Julia **Con dinero. Aquí tiene.**
현금으로 계산하겠습니다. 여기 있어요.

---

señorita 아가씨 | **zapatos** 구두 | **modelo** 모델 | **escaparate** 진열장 | **calza** 신다 (동사 calzar의 직설법 현재 3인칭 단수) | **creo** 믿다 (동사 creer의 직설법 현재 1인칭 단수) | **quedar** (신발, 의류 등이) 맞다, 어울리다 | **mayor** 보다 큰 (grande의 우등 비교급) | **siento** 느끼다, 유감이다 (동사 sentir의 직설법 현재 1인칭 단수) | **por qué no...** 왜 ~하지 않습니까?, ~하는 것이 어떤가요? | **prueba** 신어보다, 입어보다 (동사 probar의 직설법 현재 3인칭 단수) | **amarillo/a** 노란색(의) | **cómodo/a** 편안한 | **mejor** 보다 나은 (bueno의 우등 비교급) | **calidad** 질 | **supuesto** 가정, 가설 / por supuesto 분명히, 두말할 것도 없이 | **pues** 그렇다면, 왜냐하면 | **negro/a** 검은색(의) | **comodísimo** 아주 편안한 (cómodo의 절대 최상급) | **mostrar** 보여주다 | **menor** 보다 작은 (pequeño의 비교급) | **desgracia** 불행 / por desgracia 불행하게도 | **agotado/a** 바닥 난, 고갈된 | **azul** 파란색(의) | **precio** 가격 | **rebajado/a** 할인된, 가격이 인하된 | **color** 색깔 | **marrón** 밤색(의) | **paga** 계산하다, 지불하다 (동사 pagar의 직설법 현재 3인칭 단수) | **en efectivo** 현금으로 | **tarjeta** 카드 | **crédito** 신용 | **dinero** 돈

관계대명사 que

관계대명사는 접속사의 일종으로 관계절을 이끈다. 관계절은 형용사나 형용사구가 표현하지 못하는 내용을 문장의 형태로 명사나 대명사를 수식하는 형용사절이다.

1. 관계대명사 que는 사람과 사물에 쓰이며 성 ·· 수 변화를 하지 않는다.

El libro que compro es caro.   내가 사는 책은 비싸다.

Ellos tienen un coche que gasta mucha gasolina.
그들은 휘발유가 많이 소비되는 차를 가지고 있다.

La función que empieza a las ocho es para niños.
8시에 시작하는 공연은 어린이들을 위한 것이다.

La lección que estudiamos hoy es muy fácil.   우리가 오늘 공부하는 학과는 매우 쉽다.

도우미   영어는 관계 대명사를 생략하는 경우가 많지만 스페인어는 생략이 불가능하다.

El libro que quiero comprar.   내가 사기를 원하는 책
The book I want to buy.   내가 사기를 원하는 책

2. 관계대명사 que가 사람에 사용될 때는 주격과 직접 목적격의 경우이다.

El señor que está en el jardín es mi tío.   정원에 있는 분은 나의 삼촌이다. (주격)

La señora que vimos hace un momento es profesora de español.
우리가 조금 전에 본 부인은 스페인어 선생님이다. (직접 목적격)

3. 문장의 내용에 따라 전치사를 동반하기도 한다.

> **El bolígrafo con (el) que escribo es un regalo de mi novia.**
> 내가 쓰고 있는 볼펜은 애인으로부터 받은 선물이다.

> **La casa en (la) que vivimos está cerca del centro.**   우리가 살고 있는 집은 시내 근처에 있습니다.

4. 관계대명사가 이끄는 관계절을 제한적 용법과 계속적 용법으로 나눌 수 있다.

❶ 제한적(한정적) 용법 : 관계절이 선행사를 구체화시키고 한정한다.

> **Los chicos que viven lejos llegan tarde.**
> 멀리 살고 있는 아이들은 늦게 도착한다. (즉, 멀리 살고 있지 않은 아이들이 있을 가능성이 있다.)

❷ 계속적(설명적) 용법 : 관계절이 선행사 전체를 언급하여 설명한다.

> **Los chicos, que viven lejos, llegan tarde.**   아이들 모두 멀리 살고 있어서 늦게 도착한다.

관계대명사 quien

1. 선행사가 사람일 경우 사용한다. 이때 조건이 따른다. 주격인 경우 설명적 용법으로만 사용해야 한다. 한정적 용법으로 사용할 경우 que를 사용한다.

Mi amigo, quien está en Madrid, va a venir a Corea.
내 친구는 마드리드에 있는데 한국에 올 것이다.

Hoy visito a mis abuelos, quienes viven en el pueblo.
나는 오늘 나의 조부모님을 방문한다. 그들은 시골에 사신다.

El hombre quien habla inglés es profesor.　(비문법적)

El hombre que habla inglés es profesor.　(문법적)
영어를 말하는 사람이 교수님 입니다.

2. 전치사를 동반하여 사용할 수 있다.

La señorita con quien hablo es la novia de mi amigo.
내가 이야기하고 있는 아가씨는 내 친구의 애인이다.

¿Conoce Ud. a la señorita en quien estoy pensando?
내가 생각하고 있는 그 아가씨를 당신은 아십니까?

3. 선행사의 의미를 내포하여 사용하기도 한다.

Quien habla mucho sabe poco.　말을 많이 하는 사람은 아는 것이 없다.

Quien lo sabe mejor es este hombre.　(= Este hombre es quien lo sabe mejor.)
그것을 가장 잘 알고 있는 사람이 이 사람입니다.

형용사의 불규칙 비교급

형용사		비교급	
bueno	좋은	**mejor**	보다 좋은
malo	나쁜	**peor**	보다 나쁜
grande	큰	**mayor, más grande**	더 큰
pequeño	작은	**menor, más pequeño**	더 작은

1. mejor와 peor

❶ 형용사로 사용되어 성 변화 없이 수 변화만 한다.

Esta cama es mucho mejor que aquélla. 이 침대는 저 침대보다 훨씬 더 좋다.

No hay un cuarto peor que éste. 이 방보다 더 나쁜 방은 없다.

> **도우미** 부사의 불규칙 비교급
>
> | 부사 | | 비교급 | |
> |---|---|---|---|
> | **bien** | 좋게 | **mejor** | 보다 좋게 |
> | **mal** | 나쁘게 | **peor** | 보다 나쁘게 |
>
> Juan trabaja peor que tú. 후안은 너보다 일을 못한다.

❷ 최상급을 표시할 때는 관사를 사용한다.

Es la mejor alumna de la escuela.　그녀는 학교에서 가장 훌륭한 여학생이다.

Es el peor hotel de esta ciudad.　이 도시에서 가장 나쁜 호텔이다.

2. mayor와 menor

❶ grande와 pequeño는 두 개의 비교급 형태를 가질 수 있다. 하나는 más를 붙여서 비교급을 만드는 방법인데 주로 크기를 비교할 때 쓰인다. 또 다른 하나는 mayor와 menor를 사용하는 것인데 연령을 비교할 때 주로 사용한다.

Yo soy mayor que tú.　나는 너보다 나이가 많다.

Ella es menor que nosotros.　그녀는 우리들보다 더 어리다.

España es más grande que Corea.　스페인은 한국보다 더 크다.

Corea es más pequeña que México.　한국은 멕시코보다 더 작다.

▶ 나라의 면적(extensión)을 가리킬 때 여성으로 취급하기 때문에 pequeño가 아니라 pequeña로 쓴다.

❷ 최상급을 표시할 때는 관사를 사용한다.

Carmen es la hermana mayor de su familia.　까르멘은 장녀이다.

¿Eres tú el menor de los hermanos?　네가 형제들 중에서 가장 어리니?

El tráfico es el mayor problema de la ciudad.　교통이 도시의 가장 큰 문제이다.

역구조 동사

보통의 동사들과는 사용법이 다르다. 앞에서 공부한 동사 gustar와 같은 구조를 취한다. (▶ Lección 9 참조) 의미상의 주어는 주격이 아닌 간접 목적격 형태(me, te, le, nos, os, les)를 취하며, 동사는 문법적인 주어에 일치시켜야 한다.

quedar (의류, 신발 등이) 맞다, 어울리다

¿Le quedan los zapatos negros? 검은 구두가 당신에게 맞습니까?

Sí, me quedan bien. 네, 나에게 잘 맞습니다.

parecer ~처럼 보이다

¿Qué te parece este vestido? 이 드레스 어떻게 보이니?

No está mal, pero me parece caro. 나쁘지 않지만 비싼 것 같아.

doler 고통을 느끼다

¿Qué te duele? 어디가 아프니?

Me duele mucho el estómago. 나는 배가 많이 아프다.

faltar 모자라다, 부족하다

¿Os falta tiempo para terminarlo? 너희들 그것을 끝내는 데 시간이 부족하니?

Sí, nos falta tiempo para terminarlo. 예, 그것을 끝내는 데 시간이 부족합니다.

interesar 관심을 가지다, 흥미를 가지다

¿Te interesa la historia de Corea? 너는 한국의 역사에 관심이 있니?

Sí, me interesa mucho la historia de Corea. 예, 나는 한국의 역사에 관심이 많습니다.

agradar 기쁘게 하다

¿Le agrada la noticia? 그 소식이 기쁩니까?

Sí, me agrada la noticia. 예, 나는 그 소식이 기쁩니다.

encantar 매혹시키다, 좋아하다

¿Te encanta el zumo de naranja? 너는 오렌지 쥬스를 정말로 좋아하니?

Sí, me encanta el zumo de naranja. 그래, 나는 오렌지 쥬스를 정말로 좋아해.

관계대명사 que를 사용하여 보기와 같이 표현해 보시오.

> **Tengo un coche. No funciona bien.**
>
> **Tengo un coche *que* no funciona bien.**

1. **Me gustan los zapatos azules. Están en el escaparate.**

   ____

2. **Este señor es un director de cine. Fuma mucho.**

   ____

3. **Estoy leyendo una novela. Es muy interesante.**

   ____

4. **Tenemos un hermano. Vive en Madrid.**

   ____

5. **Carmen es una actriz. Me gusta mucho.**

   ____

6. **Veo un programa de televisión. Es interesante.**

   ____

7. **Queremos comprar una casa. Tiene un jardín muy bonito.**

   ____

8. **Juan tiene un coche. Gasta mucha gasolina.**

   ____

다음 보기와 같이 연습하시오.

¿Es Juan el mejor alumno de la clase?
No, no es el mejor, es el peor.

1. **¿Eres tú el menor alumno de la clase?**

   ____

2. **¿Es María su hija mayor?**

   ____

3. **¿Son éstos los peores exámenes?**

   ____

4. **¿Es ésta la mejor foto?**

   ____

5. **¿Son éstas las mejores cartas?**

   ____

스페인어의 축소형

스페인어의 특징 중에 하나가 영어와는 달리 축소형을 사용하여 말하는 사람의 감정을 전달하거나 설명하고자 하는 대상의 크기가 작다는 것을 나타내는 경우가 있습니다. 예를 들어, 우리가 알고 있는 señorita는 señora에 -ita가 붙은 단어입니다. '부인'에서 '처녀'의 뜻으로 변한 것입니다. señorito라는 단어도 있는데 한량이라는 뜻으로 쓰입니다.

멕시코 사람들을 비롯해서 중남미 사람들이 스페인 사람들보다 축소형을 더 많이 사용하는 편입니다. ahora(지금) 대신에 ahorita를 사용합니다. 발음해 보면 짐작이 되겠지만 애정이 담겨져 있는 듯한 인상을 받게 됩니다. 반대로 의미가 완전히 변하는 경우도 있습니다. 창문(ventana)이라는 단어에서 '창구'라는 뜻의 ventanilla라는 단어가 나옵니다. 일반 창문하고는 다른 역매표소의 창구나 관청의 행정담당 창구라는 의미로 쓰입니다. 사람 이름도 애칭형을 많이 쓰는 편인데 José 대신에 Pepe라고 부르기도 하고 Pepito라고 부르기도 합니다. 이름의 경우 친한 사이에 약어를 많이 사용합니다.

Francisco	-	**Paco**
Ignacio	-	**Nacho**
Isabel	-	**Isa**
Teresa	-	**Tere**
Cristina	-	**Cris**
Pilar	-	**Pili**
Angelita	-	**Lita**
Antonio	-	**Tono, Toni**
Dolores	-	**Lola**
Consuelo	-	**Chelo**
Guadalupe	-	**Lupe**
Susana	-	**Susi**
María Teresa	-	**Maite**

Lección

12

Deseo que tengas buena suerte.

전화로 약속하기

접속법 현재
3인칭 복수형 동사에 의한
　무인칭 표현

Ana **¡Hola, buenas tardes!**
안녕!

Manuel **¡Hola, buenas tardes!**
안녕!

Ana, ¿quieres venir al teatro conmigo esta tarde?
아나야. 오늘 오후에 나와 함께 극장에 갈래?

Ana **Gracias, pero no puedo. Hoy tengo que estudiar en casa porque**
고마워. 그러나 그럴 수 없어. 오늘은 집에서 공부를 해야만 해. 왜냐하면 내일 시험이 있어.

mañana tengo un examen. Además, mis padres me prohíben que
게다가 나의 부모님이 내게 오늘은 집에서 나가는 것을 금하셨고,

salga de casa hoy y me aconsejan que estudie mucho.
열심히 공부하라고 충고하셨어.

Manuel **¡Qué pena! Deseo que tengas buena suerte. ¡Hasta luego!**
안됐구나! 좋은 행운이 있기를 바래. 나중에 보자!

Ana **¡Adiós, hasta luego!**
안녕. 나중에 보자!

....

Manuel **¡Hola! ¿Está María?**
안녕하세요! 마리아 있습니까?

María **Sí, soy yo. ¿Quién es?**
네. 접니다. 누구세요?

Manuel **Soy Manuel. ¿Qué tal?**
마누엘이야. 어떻게 지내?

María **Muy bien. ¿Y tú?**
아주 좋아. 너는?

Manuel **Bien. María, ¿quieres que vayamos esta tarde al teatro?**
잘 지내. 마리아야! 오늘 오후에 우리 극장에 가는 게 어때?

María **No me gusta el teatro. Quizá sea mejor que vayamos al cine, ¿no?**
나는 연극을 좋아하지 않아. 영화관에 가는 것이 더 좋을 것 같은데. 안 그래?

Manuel **¿Dónde ponen una buena película?**
어디에서 좋은 영화를 하니?

María **Creo que en el cine Cristal proyectan una película norteamericana**
크리스탈 영화관에서 유명한 감독이 만든 미국 영화를 상영하고 있어.

de un director famoso.

Manuel **Muy bien.**
좋아.

María **Entonces, ¿cómo quedamos?**
그러면 어떻게 만나지?

Manuel **¿Qué te parece a las cinco delante del cine?**
영화관 앞에서 5시 어때?

María **Lo siento, pero no puedo. Es que tengo un compromiso a las cinco.**
미안해. 하지만 그럴 수가 없어. 사실은 5시에 약속이 있어.

¿Qué te parece a las seis?
6시는 어떠니?

Manuel **De acuerdo. A las seis. Espero que no llegues tarde.**
좋아. 6시에 보자. 너 늦지 않게 도착하기를 바래.

María **¡Vale! Por supuesto.**
물론이지.

teatro 극장, 연극 | **prohíben** 금지하다 (동사 prohibir의 직설법 현재 3인칭 복수) | **salga** 나가다 (동사 salir의 접속법 현재 1인칭 단수) | **aconsejan** 충고하다 (동사 aconsejar의 직설법 현재 3인칭 복수) | **estudie** 공부하다 (동사 estudiar의 접속법 현재 1인칭 단수) | **pena** 벌, 고통 | **tengas** 가지다 (동사 tener의 접속법 현재 2인칭 단수) | **vayamos** 가다 (동사 ir의 접속법 현재 1인칭 복수) | **quizá(s)** 아마도 | **película** 영화 | **proyectan** 상영하다 (동사 proyectar의 직설법 현재 3인칭 복수) | **norteamericano/a** 미국의 | **director** 감독 | **famoso/a** 유명한 | **quedamos** 만나다 (동사 quedar의 직설법 현재 1인칭 복수) | **es que ...** 사실은 ~이다 | **compromiso** 약속 | **espero** 기대하다 (동사 esperar의 직설법 현재 1인칭 단수) | **llegues** 도착하다 (동사 llegar의 접속법 현재 2인칭 단수) | **vale** o.k 뜻으로 쓰이는 표현 | **por supuesto** 물론이지

접속법 현재

접속법은 화자의 개인적 또는 주관적인 생각이나 기분을 나타낸다는 점에서 단순히 사실을 객관적으로 서술하는 직설법과는 다르다. 예를 들어, "눈이 올지 모른다", "눈이 오지 않았으면 좋겠다", "눈이 오더라도 가겠다" 등의 표현은 접속법을 사용해야 한다.

1. 규칙동사의 접속법 현재 변화형

hablar, comer, vivir의 변화형

	단수	복수
1인칭	hable	hablemos
2인칭	hables	habléis
3인칭	hable	hablen

	단수	복수
1인칭	coma	comamos
2인칭	comas	comáis
3인칭	coma	coman

	단수	복수
1인칭	viva	vivamos
2인칭	vivas	viváis
3인칭	viva	vivan

불규칙동사

tener	가지다	**tenga**	**tengas**	**tenga**	**tengamos**	**tengáis**	**tengan**
poner	놓다	**ponga**	**pongas**	**ponga**	**pongamos**	**pongáis**	**pongan**
venir	오다	**venga**	**vengas**	**venga**	**vengamos**	**vengáis**	**vengan**
salir	나가다	**salga**	**salgas**	**salga**	**salgamos**	**salgáis**	**salgan**
hacer	하다	**haga**	**hagas**	**haga**	**hagamos**	**hagáis**	**hagan**
decir	말하다	**diga**	**digas**	**diga**	**digamos**	**digáis**	**digan**
poder	할 수 있다	**pueda**	**puedas**	**pueda**	**podamos**	**podáis**	**puedan**
pedir	요구하다	**pida**	**pidas**	**pida**	**pidamos**	**pidáis**	**pidan**
sentir	느끼다	**sienta**	**sientas**	**sienta**	**sintamos**	**sintáis**	**sientan**
morir	죽다	**muera**	**mueras**	**muera**	**muramos**	**muráis**	**mueran**
ser	~이다	**sea**	**seas**	**sea**	**seamos**	**seáis**	**sean**
estar	있다	**esté**	**estés**	**esté**	**estemos**	**estéis**	**estén**
ir	가다	**vaya**	**vayas**	**vaya**	**vayamos**	**vayáis**	**vayan**
dar	주다	**dé**	**des**	**dé**	**demos**	**deis**	**den**
haber	갖다	**haya**	**hayas**	**haya**	**hayamos**	**hayáis**	**hayan**
saber	알다	**sepa**	**sepas**	**sepa**	**sepamos**	**sepáis**	**sepan**

2. 용법

접속법 현재는 주로 현재와 미래의 동작을 표현하는 데 사용된다. 주문의 동사가 직설법 현재인 경우 종속문의 동사로는 접속법 현재가 쓰인다.

❶ 「직설법 현재/미래 + que + 접속법 현재」

다음과 같은 경우에 종속절에 접속법 현재 동사를 사용한다. 첫째, 주문 동사의 주어와 종속문 동사의 주어가 서로 다를 때, 둘째, 종속문 주어의 행위가 실현 가능성이 있는지 없는지 확실치 않을 때, 셋째, 종속문 주어의 의지가 아니고 주문 주어의 의지일 때, 넷째, 주문의 동사가 원망, 희망, 기대, 요구, 강요, 사역, 권고, 제안, 허용, 승인, 명령, 금지, 부정, 불확실 등의 뜻을 가진 동사일 때 종속문에 사용된다. 즉, 주문의 동사가 다음과 같은 뜻을 가진 동사라면 종속문의 동사는 접속법을 써야 한다.

querer	원하다	**desear**	원하다
pedir	요청하다	**esperar**	희망하다
rogar	간청하다	**suplicar**	청원하다
aconsejar	충고하다	**mandar**	명령하다
permitir	허용하다	**advertir**	주의시키다
ordenar	명령하다	**impedir**	저지하다
prohibir	금지하다	**dudar**	의심하다
no creer	믿지 않는다	**suponer**	상상하다
proponer	제안하다	**sospechar**	의심하다
hacer	~하게 하다	**decir**	~을 하도록 일러두다
negar	부인하다	**dejar**	방임하다

Los padres quieren que estudiemos mucho. 부모님들은 우리들이 열심히 공부하기를 원한다.

Esperamos que no llueva mañana. 우리들은 내일 비가 오지 않기를 기대한다.

Te aconsejo que no llegues tarde a casa. 너에게 집에 늦게 돌아오지 않도록 충고한다.

El profesor nos advierte que no gritemos en la clase.
교수님은 교실에서 떠들지 말라고 우리에게 주의를 준다.

Ellos dudan que yo sea coreano.   그들은 내가 한국인이라는 것을 의심한다.

Mi madre no me deja que salga en la noche.   나의 어머니는 나를 밤에 나가지 못하게 하신다.

Le hago a Ana que cante "Bésame mucho".   나는 아나에게 "베사메 무쵸"를 부르도록 시킨다.

Les digo a Juan y a Carlos que vuelvan pronto.   나는 후안과 까를로스에게 곧 돌아오라고 말한다.

Mi padre me prohíbe que entre en la cocina.   나의 아버지는 내가 부엌에 들어가는 것을 금지하신다.

 No creo que estos turistas sean españoles.   나는 이 관광객들이 스페인 사람들이라고 믿지 않는다.

¿Cree usted que ella llegue a tiempo?   당신은 그녀가 제시간에 오리라고 믿습니까?

도우미   「creo que + 직설법」/「no creo que + 접속법」

Creo que ella llega a tiempo.   나는 그녀가 제시간에 도착할 것이라고 믿는다.

No creo que ella llegue a tiempo.   나는 그녀가 제시간에 도착하리라는 것을 믿지 않는다.

의심의 부사 quizá(s), tal vez 등과 함께 접속법을 사용할 수 있다. 물론 직설법을 사용할 수도 있다. 직설법을 사용할 것인가 또는 접속법을 사용할 것인가는 의심의 강도에 따라 결정된다.

Quizá tenga fiebre.   아마 열이 있지 않을까.

Quizá llegue mañana.   아마 내일 도착하지 않을까.

Quizá tiene fiebre.   아마 열이 있을 거야.

Quizá llega mañana.   아마 내일 도착할 거야.

3인칭 복수형 동사에 의한 무인칭 표현

1. 주어를 특정한 "그들"로 해석해서는 안된다.

¿Qué película ponen en este cine?　이 영화관에서 무슨 영화를 상영하나요?

En este cine ponen una película norteamericana.　이 영화관에서는 미국영화를 상영합니다.

Dicen que es un hombre magnífico.　훌륭한 사람이라고들 한다.

2. 실제로 주어가 한 사람밖에 없어도 복수형을 쓴다.

Llaman a la puerta.　누군가가 노크하고 있다.

Señor, le llaman por teléfono.　선생님, 전화 왔습니다.

▶ 3인칭 단수로 무인칭 구문이 되는 경우도 있다.

Hace mucho calor hoy.　오늘은 아주 덥다.

괄호 안의 동사들을 접속법 현재형으로 변화시키시오.

1. Le pido a él que me ___________ (dar) diez euros.
2. Te aconsejo que no ___________ (llegar) tarde a casa.
3. Ellos dudan que yo ___________ (ser) coreano.
4. Mi padre me prohíbe que ___________ (entrar) en la cocina.
5. No creo que estos turistas ___________ (ser) españoles.
6. Espero que tú ___________ (estar) bien.
7. Esperamos que no ___________ (llover) mañana.
8. Deseo que Uds. ___________ (tener) buena suerte.
9. ¿Cree usted que ella ___________ (venir) a tiempo?
10. Los profesores quieren que nosotros ___________ (estudiar) mucho.
11. Espero que ellas ___________ (poder) entrar aquí.
12. Mis padres me recomiendan que ___________ (ir) a España.
13. José nos aconseja que ___________ (hablar) en español.
14. El médico me manda que no ___________ (beber) mucho.
15. Os ruego que ___________ (llegar) a las nueve en punto.

괄호 안의 동사들을 접속법 현재형으로 변화시키시오.

1. **Quizá María** ___________ **(quedarse) hoy en casa.**

2. **Quizá** ___________ **(llover) mañana.**

3. **Quizá el tren** ___________ **(venir) tarde.**

4. **Quizá Juan** ___________ **(estar) enfermo.**

5. **Quizá** ___________ **(nevar) hoy.**

6. **Quizá mi padre** ___________ **(llegar) pronto.**

스페인어와 영어, 비슷한 점과 다른 점

스페인어 형용사의 경우 -oso로 끝나는 단어가 많다. 이 경우 영어의 -ful과 마찬가지로 '무엇이 많다'라는 의미를 갖는다. 예를 들면 hermoso라면 hermosura(美)가 많은, 따라서 '아름다운'이라는 뜻이다. bondadoso하면 bondad(친절)이 많은, 즉 '상냥한'이라는 의미이다. 한자에서 미(美)라는 단어가 '양(羊)이 많다'라는 어원적 의미가 있는 것과 마찬가지로 대부분의 스페인어 형용사는 명사의 성분이 많다는 뜻을 갖는다. 그러나 스페인어에서 -oso로 끝나는 단어가 영어에서 모두 -ful로 끝나는 것은 아니다. 아래 자료를 참조해보면 알 수 있다. 스페인어와 영어와의 다른 점은 homeless와 같이 '-이 없는'의 뜻을 가진 접미어가 스페인어에는 존재하지 않는다는 것이다. 대신 sin이라는 전치사를 활용해서 sin hogar라는 표현을 쓴다.

amor	-	**amoroso**	-	**tender** 다정스러운
dolor	-	**doloroso**	-	**painful** 고통스러운
poder	-	**poderoso**	-	**powerful** 힘이 있는, 강력한
ruido	-	**ruidoso**	-	**noisy** 시끄러운

¿Qué le duele?

병원에서 대화하기

명령법
부정어(vocablos indefinidos)
algo / alguno
부정어(vocablos negativos)
nada / ninguno

Enfermera **¡Diga! Clínica del doctor López. ¿En qué puedo servirle?**
여보세요! 로뻬스 박사님 병원입니다. 무엇을 도와드릴까요?

Luis **¡Hola! ¿Hoy puedo pedir la hora a las diez?**
안녕하세요! 오늘 10시에 시간을 예약할 수 있을까요?

Enfermera **Lo siento. El doctor López no está por la mañana.**
미안합니다. 로뻬스 박사님은 오전에는 계시지 않습니다.

¿Qué le parece a las seis de la tarde?
오후 6시에는 어떠십니까?

Luis **¡Ningún problema! Me parece bien.**
별 문제 없습니다. 좋습니다.

....

Médico **¡Pase, por favor! Siéntese aquí y dígame qué le pasa.**
들어오세요. 여기 앉으시고 어디가 아픈지 내게 말해보세요.

Luis **Me duele mucho el estómago, sobre todo después de comer.**
배가 많이 아파요. 특히, 식후에 그렇습니다.

También tengo dolor de cabeza.
또한 머리도 아픕니다.

Médico **Bueno, a ver, túmbese aquí. Primero voy a tomarle el pulso.**
어디 봅시다. 여기 누우세요. 먼저 맥박을 재겠습니다.

Súbase la manga de la camisa y deme la mano izquierda.
셔츠의 소매를 올리고 왼손을 주세요.

Ahora quítese la camisa y respire profundamente.
이제 셔츠를 벗고 깊게 숨을 쉬세요.

No se ponga nervioso, ¡Relájese!
긴장하지 마세요. 마음을 편하게 하세요.

Luis **¿Es algo grave, doctor? Estoy bastante preocupado.**
의사 선생님 심각합니까? 저는 매우 걱정이 됩니다.

Médico **No, no es nada grave. Ahora póngase la camisa.**
아닙니다. 심각하지 않습니다. 이제 셔츠를 입으세요.

Usted tiene agotamiento físico. No trabaje tanto,
당신은 육체적으로 지친 것입니다. 너무 많이 일하지 말고

lleve una vida tranquila y descanse.
차분하게 생활하면서 쉬세요.

Luis   **¿Puedo seguir fumando y bebiendo, doctor?**
계속 담배 피우고 술을 마셔도 됩니까?

Médico   **¡No! No fume ni beba nada de alcohol.**
안돼요! 담배도 피워서는 안 되고 알콜이 들어 있는 그 어떤 것도 마셔서는 안 되요.

Luis   **¿Tengo que seguir alguna dieta?**
어떤 식이요법을 따라야만 하나요?

Médico   **Sí, no tome grasas ni comidas fuertes.**
네, 지방분이나 강한 음식들을 먹지 마세요.

Le voy a recetar unas pastillas para hacer bien la digestión.
당신에게 소화가 잘 되게 알약을 처방해 드리겠습니다.

Venga por aquí la semana próxima.
다음 주에 여기에 오세요.

---

diga 말하다 (동사 decir의 Ud.에 대한 명령) | **clínica** 병원 | **servir** 봉사하다, 제공하다 | **pedir** 요구하다 / pedir la hora 시간 예약을 하다 | **ninguno** 어떤, 아무런 (~도 않다) (남성 단수 명사 앞에서 ningún으로 된다.) | **pase** 지나가다, 일어나다 (동사 pasar의 Ud.에 대한 명령) | **siéntese** 앉다 (재귀동사 sentarse의 Ud.에 대한 명령) | **duele** 아프다 (동사 doler의 직설법 현재 3인칭 단수) | **estómago** 배, 위 | **dolor** 고통, 아픔 | **cabeza** 머리 | **túmbese** 눕다 (재귀동사 tumbarse의 Ud.에 대한 명령) | **pulso** 맥박 | **súbase** 올리다 (재귀동사 subirse의 Ud.에 대한 명령) | **manga** 소매 | **camisa** 셔츠 | **dé** 주다 (동사 dar의 Ud.에 대한 명령) | **mano** 손 | **sobre todo** 특히 | **quítese** 벗다 (재귀동사 quitarse의 Ud.에 대한 명령) | **respire** 숨을 내쉬다 (동사 respirar의 Ud.에 대한 명령) | **profundamente** 깊게 | **ponga** 놓다 (동사 poner의 Ud.에 대한 명령) / 「ponerse + 형용사」 ~상태가 되다 | **nervioso/a** 신경의, 신경질적인 | **relájese** 마음을 편하게 하다 (재귀동사 relajarse의 Ud.에 대한 명령) | **grave** 위중한, 심각한 | **póngase** 옷을 입다 (재귀동사 ponerse의 Ud.에 대한 명령) | **preocupado/a** 걱정스러운 | **nada** 아무 것, 아무 일(도 없다) | **agotamiento** 기력을 잃음 | **físico/a** 육체적인 | **trabaje** 일하다 (동사 trabajar의 Ud.에 대한 명령) | **lleve** 가지다 (동사 llevar의 Ud.에 대한 명령) | **vida** 삶, 생활 | **tranquilo/a** 조용한 | **descanse** 쉬다 (동사 descansar의 Ud.에 대한 명령) | **fume** 담배를 피다 (동사 fumar의 Ud.에 대한 명령) | **beba** 마시다 (동사 beber의 Ud.에 대한 명령) | **alcohol** 알코올, 술 | **dieta** 식이요법, 다이어트 | **tome** 먹다 (동사 tomar의 Ud.에 대한 명령) | **grasa** 지방 | **recetar** 처방하다 | **pastilla** 알약 | **digestión** 소화

명령법

1. 형태

❶ 규칙동사 : 2인칭 tú의 명령형은 직설법 현재 3인칭 단수형과 같고 usted, ustedes, nosotros 의 명령형은 접속법 현재 3인칭 단수, 복수 및 1인칭 복수형과 같다. 2인칭 복수형은 동사원형의 어미 '-r' 를 '-d' 로 바꾸면 된다.

hablar, comer, vivir의 명령형

단수			복수	
1인칭	-		hablemos / comamos / vivamos	nosotros
2인칭	habla / come / vive	tú	hablad / comed / vivid	vosotros
3인칭	hable / coma / viva	usted	hablen / coman / vivan	ustedes

❷ 불규칙동사 : 2인칭 단수에서 불규칙 변화를 하는 동사들은 다음과 같다.

tener	:	ten	hacer	:	haz
venir	:	ven	poner	:	pon

salir	**:**	**sal**	**decir**	**:**	**di**
ser	**:**	**sé**	**ir**	**:**	**ve**

도우미 1 동사 ir의 명령형 1인칭 복수에 해당하는 형은 vayamos 이지만 대체로 직설법 현재형 vamos를 사용한다.

¡Vamos a ver! 어디 봅시다.   ¡Vamos! 자, 갑시다.

도우미 2 「전치사 a + 동사원형」이 명령문으로 사용될 수 있다.

¡A comer! 식사하시오. 식사합시다.   ¡A ver! 어디 봅시다.

2. 용법

❶ 주어는 대체로 동사 뒤에 놓이지만 생략하는 경우가 일반적이다.

Habla (tú) en español. 너 스페인어로 말해라.

Hable (Ud.) en voz alta. 당신 큰 소리로 말하세요.

Descanse un poco. 조금 쉬세요.

Venid temprano. 너희들 일찍 와라.

Cantemos una canción española. 우리 스페인 노래를 부르자.

Estudiemos mucho. 우리 열심히 공부합시다.

Escuchen bien este diálogo. 이 대화를 잘 들으세요.

재귀대명사 se(me, te, se, nos, os, se)는 긍정 명령형에서는 동사의 어미에 붙여 쓴다. 1인칭 복수형은 '-s'를 떼고 nos를 붙이며 2인칭 복수형은 어미 '-d'를 떼고 os를 붙인다. 단, irse의 경우는 '-d'를 생략하지 않는다. 그리고 동사 본래의 악센트 위치에 악센트 부호를 찍어 주어야 한다.

levantarse 일어나다	**levántate**	**levántese**	**levantémonos**	**levantaos**	**levántense**
vestirse 옷을 입다	**vístete**	**vístase**	**vistámonos**	**vestíos**	**vístanse**
sentarse 앉다	**siéntate**	**siéntese**	**sentémonos**	**sentaos**	**siéntense**
irse 떠나가다	**vete**	**váyase**	**vayámonos**	**idos**	**váyanse**
acostarse 잠자리에 들다	**acuéstate**	**acuéstese**	**acostémonos**	**acostaos**	**acuéstense**

긍정명령형의 목적어가 되는 직접 목적격과 간접 목적격 대명사는 동사의 어미에 붙여 써야 한다.

Tráigamelo. 나에게 그것을 가져오시오.

Dígamelo. 나에게 그것을 말하시오.

❷ 부정명령형이 될 경우 부정어 no를 명령형 동사 앞에 놓아야 한다. 단 2인칭 단·복수의 부정명령형은 접속법 2인칭 단·복수형으로 바뀐다.

habla	→	**no hables**	**hablad**	→	**no habléis**
come	→	**no comas**	**comed**	→	**no comáis**
vive	→	**no vivas**	**vivid**	→	**no viváis**
hable	→	**no hable**	**hablen**	→	**no hablen**
coma	→	**no coma**	**coman**	→	**no coman**
viva	→	**no viva**	**vivan**	→	**no vivan**

긍정명령에서 어미에 붙은 재귀대명사는 부정명령이 되면 동사 앞에 놓여야 한다.

levántate. 너 일어나라.   →   **no te levantes.** 너 일어나지 마라.

levántese. 당신 일어나세요.   →   **no se levante.** 당신 일어나지 마세요.

levantémonos. 우리 일어나자.   →   **no nos levantemos.** 우리 일어나지 말자.

levantaos. 너희 일어나라.   →   **no os levantéis.** 너희들 일어나지 말아라.

긍정명령형의 어미에 붙은 인칭대명사 직접목적격과 간접목적격은 부정명령에서는 그 동사의 앞에 놓인다.

Estúdielo. 그것을 공부하세요.   →   **No lo estudie.** 그것을 공부하지 마세요.

Dígamelo. 나에게 그것을 말하세요.   →   **No me lo diga.** 나에게 그것을 말하지 마세요.

Déselo Ud. 그에게 그것을 주시오.   →   **No se lo dé Ud.** 그에게 그것을 주지 마시오.

부정어(vocablos indefinidos)

algo 뭔가, 어떤 것(대명사)

¿Sucede algo? 뭔가 일어났습니까? (무슨 일이 일어났습니까?)

¿Quiere Ud. algo? 뭔가를 원하십니까?

alguno　(~중의) 누군가, 어떤 것(대명사/형용사) : 성·수 변화한다.

Algunos vienen allí.　어떤 사람들이 저기 온다.

¿Tengo que seguir alguna dieta?　어떤 식이요법을 따라야만 합니까?

부정어(vocablos negativos)

스페인어에서는 부정어가 중복되어도 이중부정 즉 긍정이 되지 않는다.

nada 아무것도 (~않다)(대명사)

No sucede nada.　아무것도 일어나지 않았다.
Nada sucede.　아무것도 일어나지 않았다.

▶ 'no' 이외의 부정어가 동사보다 앞에 있으면 부정문인 것이 확실하므로 동사 앞에 'no'를 붙여서는 안 된다.

ninguno 누구도, 아무것도 (~않다)(대명사/형용사) : 성·수 변화한다.

Ninguno de ellos me gusta.　그들 중 누구도 마음에 들지 않는다.
No tengo ningún problema.　아무 문제도 없습니다.

보기와 같이 긍정명령형과 부정명령형으로 고치시오.

Usted habla deprisa.	→ **Hable deprisa.** → **No hable deprisa.**

1. **Vosotros trabajáis mucho.**

2. **Tú preguntas mucho.**

3. **Usted toma el taxi.**

4. **Tú alquilas un coche.**

5. **Tú abres la ventana.**

6. **Uds. escuchan este diálogo.**

7. **Estudiamos mucho.**

8. **Ud. descansa un poco.**

보기와 같이 대명사를 사용하여 긍정명령형과 부정명령형으로 바꾸시오.

Lávate las manos.	Lávatelas.	No te las laves.

1. Dame la llave.
2. Córtate el pelo.
3. Quitaos las camisas.
4. Envíale el paquete.
5. Dígale su apellido.
6. Enséñame tu casa.
7. Poneos los zapatos.
8. Escríbeles una carta.

다음의 부정어 algo, alguno/a, nada, ninguno/a를 사용하여 빈칸을 알맞게 채우시오.

1. Allí sucede ___________ .
2. No viene ___________ de ellos.
3. No ocurre ___________ .
4. No tenemos ___________ comida.
5. ¿Tengo que seguir ___________ dieta?

거짓 친구(falsos amigos)

스페인어를 배우면 영어와 비슷한 단어들을 자주 발견합니다. 컴퓨터 용어의 경우에는 그대로 영어를 쓰기도 하지만 스페인 사람들은 자국어에 대한 긍지심이 강한 편이라서 click이라는 단어 대신 pinchar라는 단어를 쓰고 있습니다. 대부분 철자도 비슷하고 뜻도 비슷한 단어도 있지만 영어의 realize라는 단어와 스페인어의 realizar라는 단어는 전혀 뜻이 다릅니다. 영어에서는 '실현하다' 혹은 '깨닫다'의 뜻으로 쓰이지만 스페인어에서는 '깨닫다'라는 뜻은 전혀 없습니다. 생김새만 닮았을 뿐 거짓 친구인 셈입니다.

사실 영어의 -tion으로 끝나는 단어는 스페인어로 -ción으로 끝난다거나 -ity으로 끝나는 단어가 -dad으로 나타나는 것을 볼 수가 있습니다. 이태리 사람들이 스페인어 문법을 배우면서 가장 많은 오류를 범한다는 지적이 있습니다. 아마 유사하다 보니까 짐작대로 쓰는 경우가 많은가 봅니다. 스페인어를 배우는 데 있어 영어에 대한 지식이 도움이 될 수도 가끔 장애를 줄 수도 있습니다.

Lección
14

¿Qué te pasó?

María
¿Dónde estuviste ayer?
어제 어디에 있었니?

Pedro
Lo siento mucho.
대단히 미안하다.

María
Te esperé casi una hora. ¿Qué te pasó?
너를 1시간이나 기다렸어. 무슨 일이 있었니?

Pedro
Tuve muy mala suerte. Tuve un accidente.
아주 운이 나빴어. 사고가 생겼어.

Ayer en casa me caí de la escalera y tuve que ir al hospital.
어제 집에서 계단에서 넘어졌고 병원에 가야만 했어.

María
¿Estabas solo en casa cuando ocurrió el accidente?
사고가 일어났을 때 집에 혼자 있었니?

Pedro
No, estaba mi madre.
아니. 어머니가 계셨어.

María
¡Menos mal!
불행 중 다행이구나.

Pedro
Mi madre llamó en seguida a una ambulancia.
어머니가 즉시 구급차를 불렀어.

Ayer fue viernes, y el tráfico de la ciudad estaba terrible.
어제는 금요일이었고, 시내의 교통이 아주 나빴어.

Además, ocurrió un accidente de tráfico en la calle.
게다가 거리에서 교통 사고가 일어났어.

María
Entonces, ¿qué hicisteis?
그래서 어떻게 했니?

Pedro
Pues nada. No hubo otra solución que esperar un momento.
아무것도 할 수 없었어. 잠시 기다리는 수밖에 해결책이 없었어.

Por eso tardamos casi una hora en llegar al hospital.
그래서 병원에 도착하는데 거의 1시간이나 걸렸어.

María **¡Qué pena! ¿Qué te ha dicho el médico?**
안됐구나! 의사는 너에게 뭐라고 말했니?

Pedro **Al principio creí que tenía la pierna rota, porque me dolía**
처음에 다리가 부러진 줄로 믿었어. 왜냐하면 너무나 아팠기 때문이야.

muchísimo. Me pegué un gran susto y me puse muy nervioso.
정말 놀랬었지. 아주 초조한 상태였어.

Pero en el hospital el médico me dijo que la pierna estaba
그러나 병원에서 의사가 다리가 단지 골절되었다고 말했어.

solamente dislocada. Por eso, me tranquilicé un poco.
그래서 조금 안심했어.

María **¿Cómo te encuentras ahora?**
지금은 어떠니?

Pedro **Ahora me encuentro un poco mejor.**
지금은 조금 좋아졌어.

María **¡Que te mejores pronto!**
빨리 회복되기를 바래!

Pedro **Gracias.**
고마워.

estuviste ~에 있다 (동사 estar의 완료과거 단순형 2인칭 단수) | **esperé** 기다리다 (동사 esperar의 완료과거 단순형 1인칭 단수) | **pasó** 지나다, 일어나다 (동사 pasar의 완료과거 단순형 3인칭 단수) | **tuve** 가지다 (동사 tener의 완료과거 단순형 1인칭 단수) | **accidente** 사건, 사고 | **caí** 떨어지다, 넘어지다 (동사 caer의 완료과거 단순형 1인칭 단수) | **hospital** 병원 | **estabas** ~에 있다 (동사 estar의 불완료과거 2인칭 단수) | **solo/a** 홀로 | **ocurrió** 일어나다 (동사 ocurrir의 완료과거 단순형 3인칭 단수) | **estaba** ~에 있다 (동사 estar의 불완료 과거 1, 3인칭 단수) | **llamó** 부르다 (동사 llamar의 완료과거 단순형 3인칭 단수) | **en seguida** 즉시 | **ambulancia** 구급차 | **fue** ~이다 (동사 ser의 완료과거 단순형 3인칭 단수) | **tráfico** 교통 | **terrible** 참혹한, 나쁜 | **hicisteis** 하다 (동사 hacer의 완료과거 단순형 2인칭 복수) | **hubo** 있다 (동사 haber의 완료과거 단순형 3인칭 단수) | **solución** 해결 | **hemos** (조동사 haber의 직설법 현재 1인칭 복수) | **tardamos** 시간이 걸리다 (동사 tardar의 직설법 1인칭 복수) | **principio** 시작 / al principio 처음에 | **creí** 믿다 (동사 creer의 완료과거 단순형 1인칭 단수) | **tenía** 가지다 (동사 tener의 불완료과거 1, 3인칭 단수) | **pierna** 다리, 정강이 | **roto/a** 부러진 | **dolía** 아프다 (동사 doler의 불완료과거 1, 3인칭 단수) | **pegué** 때리다 (동사 pegar의 완료과거 단순형 1인칭 단수) | **susto** 놀라움 | **puse** 놓다 (동사 poner의 완료과거 단순형 1인칭 단수) | **nervioso/a** 신경질적인, 초조한 | **solamente** 단지, 오직 | **dislocado/a** 골절된, 삔 | **tranquilicé** 안심시키다(tranquilizar동사의 완료과거 단순형 1인칭 단수) | **mejores** 좋아지다 (동사 mejorar의 접속법 현재 2인칭 단수)

완료과거 단순형

1. 규칙동사 hablar, comer, vivir의 변화형

hablar		**comer**		**vivir**	
hablé	hablamos	comí	comimos	viví	vivimos
hablaste	hablasteis	comiste	comisteis	viviste	vivisteis
habló	hablaron	comió	comieron	vivió	vivieron

▶ 완료과거 단순형은 많은 문법책에서 '부정과거' 라고 칭하는 것이다. 스페인 한림원에서는 직설법 부정과거라는 용어 대신 '완료과거 단순형'(pretérito perfecto simple)이라는 용어를 사용하고 있다.

2. 불규칙동사

어간의 마지막 자음이 음가를 유지하기 위해 1인칭 단수에서 다른 자음으로 바뀌는 경우.

explicar 설명하다	**pagar** 지불하다	**empezar** 시작하다	**menguar** 줄다
-c- → -qu-	-g- → -gu-	-z- → -c-	-gu- → -gü-
expliqué	pagué	empecé	mengüé
explicaste	pagaste	empezaste	menguaste
explicó	pagó	empezó	menguó
explicamos	pagamos	empezamos	menguamos
explicasteis	pagasteis	empezasteis	menguasteis
explicaron	pagaron	empezaron	menguaron

제 2변화와 3변화 동사(-er, -ir)에서 3인칭 단수, 복수의 어미가 '-ió'에서 '-yó'로, '-ieron'에서 '-yeron'으로 바뀌는 경우 : 어간이 모음으로 끝나는 동사들이 여기에 속한다.

caer 넘어지다	caí	caíste	cayó	caímos	caísteis	cayeron
oír 듣다	oí	oíste	oyó	oímos	oísteis	oyeron
leer 읽다	leí	leíste	leyó	leímos	leísteis	leyeron
huir 도망치다	hui	huiste	huyó	huimos	huisteis	huyeron

다음의 동사들은 위의 동사들과 같은 변화를 한다.

creer 믿다　　　　　　　　　　　**construir** 건설하다

동사 '-ir'에서 3인칭 단수, 복수의 어간 모음 '-e-'가 '-i-'로, '-o-'가 '-u-'로 바뀌는 동사들이 있다.

sentir 느끼다	sentí	sentiste	sintió	sentimos	sentisteis	sintieron
pedir 요청하다	pedí	pediste	pidió	pedimos	pedisteis	pidieron
morir 죽다	morí	moriste	murió	morimos	moristeis	murieron
dormir 자다	dormí	dormiste	durmió	dormimos	dormisteis	durmieron

다음의 동사들은 위의 동사들과 같은 변화를 한다.

advertir 알리다　　　　　　　　**servir** 봉사하다

seguir 계속하다　　　　　　　　**elegir** 선출하다

기타 불규칙 동사

poner 놓다	puse	pusiste	puso	pusimos	pusisteis	pusieron
saber 알다	supe	supiste	supo	supimos	supisteis	supieron
poder 할 수 있다	pude	pudiste	pudo	pudimos	pudisteis	pudieron
haber 있다	hube	hubiste	hubo	hubimos	hubisteis	hubieron
decir 말하다	dije	dijiste	dijo	dijimos	dijisteis	dijeron
hacer 하다	hice	hiciste	hizo	hicimos	hicisteis	hicieron
dar 주다	di	diste	dio	dimos	disteis	dieron
querer 원하다	quise	quisiste	quiso	quisimos	quisisteis	quisieron
venir 오다	vine	viniste	vino	vinimos	vinisteis	vinieron
estar 있다	estuve	estuviste	estuvo	estuvimos	estuvisteis	estuvieron
tener 가지다	tuve	tuviste	tuvo	tuvimos	tuvisteis	tuvieron
andar 걷다	anduve	anduviste	anduvo	anduvimos	anduvisteis	anduvieron
ser ~이다	fui	fuiste	fue	fuimos	fuisteis	fueron
ir 가다	fui	fuiste	fue	fuimos	fuisteis	fueron

▶ 동사 ser와 ir의 완료 과거 단순형은 변화형이 같다.

3. 용법

동작 혹은 상태가 어느 한 순간에 끝난 것을 표현할 때 사용한다.

¿A dónde fuiste anoche?　어제 저녁에 너 어디에 갔었니?

Fui al cine.　영화관에 갔습니다.

¿Cuándo nació Juan?　후안은 언제 태어났습니까?

Juan nació en el año 1983.　후안은 1983년에 태어났습니다.

불완료 과거

1. 규칙 동사 hablar, comer, vivir의 변화형

hablar		comer		vivir	
hablaba	hablábamos	comía	comíamos	vivía	vivíamos
hablabas	hablabais	comías	comíais	vivías	vivíais
hablaba	hablaban	comía	comían	vivía	vivían

2. 불규칙동사 ser, ir, ver

ser		ir		ver	
era	éramos	iba	íbamos	veía	veíamos
eras	erais	ibas	ibais	veías	veíais
era	eran	iba	iban	veía	veían

3. 용법

일반적으로 불완료과거는 과거에 지속적으로 일어났던 행위를 표현할 때 쓰인다. 즉 "~을 하고 있었다"라는 표현을 위해 사용된다.

❶ 과거의 반복된 습관을 표현한다.

No fumo ahora. Pero antes fumaba mucho.
나는 지금 담배를 피우지 않는다. 그러나 전에는 담배를 많이 피우곤 했었다.

Antes jugábamos al tenis.   전에 우리들은 테니스를 치곤 했었다.

❷ 과거에 동시에 발생했던 연속적인 동작이나 상태를 표현한다.

Cuando yo era niño, mi familia vivía en Seúl.   내가 어렸을 때 나의 가족은 서울에 살고 있었다.

❸ 과거에 발생한 행위일지라도 어느 한 쪽의 동작이 한 순간에 끝나고 다른 한 쪽의 동작은 계속 되고 있었던 것을 표현할 때 쓰인다.

Me casé cuando tenía 28 años.   나는 스물 여덟 살이었을 때 결혼했다.

Cuando llegué a casa, mi hijo veía la televisión.
내가 집에 도착했을 때 내 아들은 텔레비전을 보고 있었다.

완료과거 복합형

1. 형태 완료과거 복합형은「조동사 haber의 직설법 현재 + 과거분사」로 구성된다.

단수		**복수**	
he	hablado	hemos	hablado
has +	comido	habéis +	comido
ha	vivido	han	vivido

▶ 직설법 완료과거 복합형(Pretérito perfecto compuesto de indicativo)이라는 명칭은 기존의 문법서에서 직설법 현재 완료라고 지칭했던 것이다.

2. 용법

❶ 동작 혹은 행위가 완료된 현재의 상태를 나타낸다.

> Ha llegado el tren. 기차가 도착했다.
>
> El tren ha partido. 기차가 떠났다.
>
> He comido todo. 다 먹었다.

❷ 지금, 오늘, 오늘 아침, 금주, 금월, 금년, 금세기 등에 이루어진 것을 표현한다. 즉, 최근의 과거를 표현할 때 사용할 수 있다.

> Esta tarde he terminado la tarea. 오늘 오후에 숙제를 끝냈다.
>
> Hoy por la tarde hemos comido bocadillos. 오늘 오후에 우리들은 보까디요를 먹었다.

Este año ha habido buena cosecha. 올해에는 수확이 좋았다.

Este invierno ha nevado mucho en Corea. 이번 겨울은 한국에 눈이 많이 왔다.

Este verano ha hecho mucho calor. 이번 여름은 아주 더웠다.

▶ 보까디요는 스페인식 샌드위치라고 할 수 있다.

❸ 경험을 나타낼 때 사용한다.

Hemos vivido en España. 우리들은 스페인에서 살아본 적이 있다.

No he estado en México. 나는 멕시코에 있은 적이 없다.

❹ 결과를 나타낼 때 사용한다.

La industria ha progresado mucho. 산업이 많이 진보했다.

❺ 지속되고 있는 동작을 나타낼 때 사용할 수 있다.

Ha sido siempre optimista. 그는 항상 낙천가였다.

Ha estado de pie estas dos horas. 그는 이 두 시간을 서 있었다.

도우미 영어와는 달리, 현재 직전에 끊어져 버린 느낌이 있는 것이 보통이다. 위의 두 문장에서 부사 siempre와 한정사 estas에 의해 겨우 현재와 관계를 맺고 있지만, 원칙적으로 과거에 일어난 행위가 현재까지 계속되고 있는 경우에는 사용할 수 없다. 그럴 경우 스페인어에서는 현재 또는 현재 진행형을 사용해야 한다.

He vivido en Seúl desde 1998.

나는 1998년부터 서울에서 살았다. (지금은 서울에 살지 않는다는 의미를 내포하고 있다.)

대과거

직설법 대과거는 직설법 과거완료라고 지칭하기도 한다. 「조동사 haber의 직설법 불완료 과거 + 과거분사」로 구성된다. 직설법 대과거는 과거의 어느 시점을 기준으로 하여, 그 이전에 이루어진 것을 표현한다.

단수		복수	
había	hablado	habíamos	hablado
habías +	comido	habíais +	comido
había	vivido	habían	vivido

¿Habían cerrado Uds. bien la puerta cuando salían de casa?

집에서 외출할 때 문을 잘 닫으셨습니까?

주동사가 직설법 완료과거 단순형, 불완료 과거일 경우 종속절의 내용이 그 이전에 끝난 것이면 종속절 동사는 대과거를 사용해야 한다.

Rosa me dijo ayer que había llegado el mes pasado.

로사는 지난 달에 왔다고 나에게 어제 말했다.

다음 보기와 같이 연습하시오.

> **¿Dónde estuvisteis ayer? / en la escuela**
>
> **Estuvimos en la escuela.**

1. **¿Cuántas personas hubo en la fiesta? / muchas**

   ____

2. **¿A dónde fueron Uds. anoche? / discoteca**

   ____

3. **¿Dónde dieron la fiesta? / en el jardín**

   ____

4. **¿Qué pusieron ayer en la televisión? / una película**

   ____

5. **¿Cómo viniste de Madrid? / en avión**

   ____

문장에 맞게 괄호 안의 동사를 완료과거 단순형이나 불완료과거로 변화시키시오.

1. **¿Qué _____________ (hacer) Ud. ayer por la tarde?**
2. **Cuando yo era niño, mi familia _____________ (vivir) en Madrid.**
3. **Ya no juego al fútbol. Pero antes _____________ (jugar) al fútbol mucho.**
4. **El mes pasado vosotros _____________ (hacer) un viaje por toda Europa.**
5. **En 1945 _____________ (acabar) la Segunda Guerra Mundial.**

6. **¿Cuántas personas _____________ (morir) en el accidente de ayer?**

7. **Cuando entré en la sala, mi mamá _____________ (ver) la televisión.**

8. **¿Qué le _____________ (decir) Rosa ayer?**

9. **El año pasado nosotros _____________ (ir) de viaje a España.**

10. **Antes yo _____________ (fumar) mucho, pero ahora no.**

다음 보기와 같이 연습하시오.

> Yo desayuno una taza de café. /Hoy por la mañana
>
> Hoy por la mañana he desayunado una taza de café.

1. **Llueve poco. / Esta primavera**

   ____

2. **Juan duerme muy poco. / Esta noche**

   ____

3. **Vosotros trabajáis mucho. / Este año**

   ____

4. **Nieva mucho en las montañas. / Este invierno**

   ____

5. **Nosotros pasamos las vacaciones en España. / Este verano**

   ____

Lección 15

¿Qué harás?

Diálogo

Teresa **¡Mañana será mi gran día!**
내일은 나의 위대한 날이 될 거야!

Pedro **¿Por qué? ¿Te ocurre algo?**
왜? 어떤 일이 있어?

Teresa **¡Mañana será mi cumpleaños! Cumpliré veintitrés años.**
내일이 내 생일이야! 만 23살이 되거든.

Pedro **¡Qué bien! ¿Qué harás?**
좋겠다. 너 뭐 할 거니?

Teresa **Organizaré una fiesta especial en casa.**
집에서 특별한 파티를 만들 거야.

Pedro **¿A quién invitarás?**
누구를 초대할 거니?

Teresa **Invitaré a todos los amigos íntimos.**
친한 모든 친구들을 초대할 거야.

Pedro **¿Cuántos vendrán?**
몇 명이나 올까?

Teresa **Aún no sé. Podrán venir Luis, Alfonso y José.**
아직은 몰라. 루이스, 알폰소 그리고 호세가 올 수 있을 거야.

Creo que Manuel no vendrá porque está de viaje con su hermano.
마누엘은 그의 형과 여행 중이기 때문에 오지 못할 것이라고 생각해.

Pedro **Pero la semana pasada me dijo que Manuel volvería esta tarde.**
하지만 지난주에 마누엘이 오늘 오후에 돌아올 것이라고 내게 말했어.

Tal vez ya habrá llegado a casa.
아마도 집에 도착해 있을 거야.

Teresa **Entonces le llamaré un poco después. Y de las chicas,**
그러면 조금 후에 그에게 전화해 볼께.

todas estarán libres, menos Carmen. En total vendrán ocho.
그리고 여자 친구들 중에서는 까르멘만 빼고는 모두 시간이 있을 거야. 전부해서 8명이 올거야.

Pedro **Muy bien. ¿Qué prepararás? Te ayudaré.**
좋아. 무엇을 준비할 거니? 너를 도와줄게.

Teresa **Prepararé varias comidas y bebidas. Compraré bebidas:**
다양한 음식과 음료들을 준비할 거야. 음료를 살 거야:

coca-cola, zumo de naranja, limonada, cerveza, whisky, etc.
코카 콜라, 오렌지 쥬스, 레모네이드, 맥주, 위스키, 등등.

Pedro **¿Y para acompañar la bebida?**
음료에 곁들일 안주는?

Teresa **Compraré patatas fritas, queso, un poco de jamón y pan.**
감자튀김, 치즈, 약간의 햄 그리고 빵을 살 거야.

Pedro **Pues yo te regalaré una tarta muy bonita.**
그렇다면 나는 너에게 아주 예쁜 케이크를 선물할게.

Una gran tarta con tu nombre y veintitrés velas.
너의 이름과 23개의 초가 있는 훌륭한 케이크일 거야.

Teresa **Muchas gracias.**
정말 고맙다.

---

será ~이다 (동사 ser의 직설법 미래 3인칭 단수) | **gran** 위대한, 큰 (단수 명사 앞에서 grande가 gran으로 된다.) | **cumpleaños** 생일 | **cumpliré** 만 몇 살이 되다 (동사 cumplir의 직설법 미래 1인칭 단수) | **harás** 하다 (동사 hacer의 직설법 미래 2인칭 단수) | **organizaré** 조직하다 (동사 organizar의 직설법 미래 1인칭 단수) | **fiesta** 축제, 파티 | **especial** 특별한 | **invitarás** 초대하다 (동사 invitar의 직설법 미래 2인칭 단수) | **invitaré** 초대하다 (동사 invitar의 직설법 미래 1인칭 단수) | **íntimo/a** 친한 | **vendrán** 오다 (동사 venir의 직설법 미래 3인칭 복수) | **aún** 아직 | **podrán** 할 수 있다 (동사 poder의 직설법 미래 3인칭 복수) | **vendrá** 오다 (동사 venir의 직설법 미래 3인칭 단수) | **está de viaje** 여행 중이다 | **pasado/a** 지난 | **volvería** 돌아오다 (동사 volver의 조건시제 1, 3인칭 단수) | **tal vez** 아마도 | **habrá** (조동사 haber의 직설법 미래 3인칭 단수) | **llamaré** 부르다, 전화하다 (동사 llamar의 직설법 미래 1인칭 단수) | **menos** ~이외에 | **total** 전체, 총계 | **prepararás** 준비하다 (동사 preparar의 직설법 미래 2인칭 단수) | **prepararé** 준비하다 (동사 preparar의 직설법 미래 1인칭 단수) | **vario/a** 다양한 | **comida** 음식 | **bebida** 음료, 술 | **ayudaré** 도와주다 (동사 ayudar의 직설법 미래 1인칭 단수) | **compraremos** 사다 (동사 comprar의 직설법 미래 1인칭 복수) | **coca-cola** 코카 콜라 | **limonada** 레모네이드 | **cerveza** 맥주 | **whisky** 위스키 | **acompañar** 동반하다, 곁들이다 | **patata** 감자 | **frito/a** 튀긴 | **queso** 치즈 | **un poco de** 약간의 | **jamón** 햄 | **pan** 빵 | **regalaré** 선물하다 (동사 regalar의 직설법 미래 1인칭 단수) | **tarta** 케이크 | **vela** 초

직설법 미래

미래시제를 표현함에 있어 「ir a + 동사원형(~할 것이다)」은 이미 알고 있다. (▶ Lección 6 참조) 그러나 스페인어는 특별한 조동사를 사용하지 않고 동사 자체가 미래형 변화를 하며 용법도 다양하다.

▶ 기존의 문법서에서는 불완료 미래(「futuro imperfecto)라고 지칭하나 본 교재에서는 단순히 '미래'라고 지칭한다.

1. 규칙동사의 직설법 미래 변화형

hablar, comer, vivir의 변화형 : 동사원형에 미래 변화형 어미를 붙여 만든다.

	단수	복수
1인칭	hablaré	hablaremos
2인칭	hablarás	hablaréis
3인칭	hablará	hablarán

	단수	복수
1인칭	comeré	comeremos
2인칭	comerás	comeréis
3인칭	comerá	comerán

	단수	복수
1인칭	viviré	viviremos
2인칭	vivirás	viviréis
3인칭	vivirá	vivirán

2. 불규칙동사

다른 형태의 동사 변화와 비교하여 상대적으로 직설법 미래에서 불규칙변화를 하는 동사는 많지 않다.

어미 모음 'e'와 'i' 대신 '-d-'가 들어가는 동사군

tener 가지다	tendré	tendrás	tendrá	tendremos	tendréis	tendrán
poner 놓다	pondré	pondrás	pondrá	pondremos	pondréis	pondrán
valer 가치가 나가다	valdré	valdrás	valdrá	valdremos	valdréis	valdrán
venir 오다	vendré	vendrás	vendrá	vendremos	vendréis	vendrán
salir 나가다	saldré	saldrás	saldrá	saldremos	saldréis	saldrán

어미 모음 'e'가 탈락되는 동사군

haber ~이 있다	habré	habrás	habrá	habremos	habréis	habrán
caber 들어가다	cabré	cabrás	cabrá	cabremos	cabréis	cabrán
saber 알다	sabré	sabrás	sabrá	sabremos	sabréis	sabrán
poder 할 수 있다	podré	podrás	podrá	podremos	podréis	podrán
querer 원하다	querré	querrás	querrá	querremos	querréis	querrán

동사원형에서 모음과 자음이 탈락되는 동사군

hacer 하다	haré	harás	hará	haremos	haréis	harán
decir 말하다	diré	dirás	dirá	diremos	diréis	dirán

3. 용법

❶ 미래의 행위나 동작을 표현한다.

> Mis padres llegarán a Corea mañana.   나의 부모님은 내일 한국에 도착할 것이다.
>
> Prepararé la lección de mañana.   내일 배울 학과를 준비할거야.
>
> Vendrán el mes que viene.   그들은 다음 달에 올 것입니다.
>
> Lo haremos mañana.   우리는 그것을 내일 할 것입니다.

❷ 현재의 상상이나 가능성을 표현한다.

> Ese señor tendrá unos cuarenta años.   그 사람은 대략 40세쯤 되었을 거야.
>
> ¿Quién llamará a estas horas?   이런 시간에 누가 전화를 걸까?
>
> Ya serán las tres.   이제 3시쯤 됐을 거야.

❸ 부드러운 표현으로 명령이나 금지를 나타낼 때 사용한다.

> Harás tal como te indico.   내가 지시하는 그대로 하여라.
>
> Hoy no saldrás de casa.   오늘은 집에서 나가지 말아라.
>
> Vendrán Uds. mañana.   내일 오십시오.

직설법 완료 미래

1. 형태

「조동사 haber의 미래형 + 과거분사」의 형태를 갖는다.
hablar, comer, vivir의 직설법 완료미래형

단수		복수	
habré	hablado	habremos	hablado
habrás +	comido	habréis +	comido
habrá	vivido	habrán	vivido

2. 용법

미래의 어느 시점을 기준으로 그때까지 행위나 동작이 끝나 있음을 표현한다.

De hoy en ocho días habrán terminado el trabajo. 일주일 후면 그들은 작업을 이미 끝냈을 거야.

시제에 상관없이 어떤 사실이 완료된 상태 또는 현재완료의 내용을 상상하거나 추측할 때 사용한다.

El profesor habrá llegado a Portugal. 교수님은 포르투갈에 도착했을 것이다.
Juan habrá cumplido las misiones hoy. 후안은 오늘 임무를 완수했을 것이다.

직설법 조건시제

1. 규칙동사의 직설법 조건시제의 변화형

hablar, comer, vivir의 변화형 : 동사원형에 조건시제의 변화형 어미를 붙여 만든다.

	단수	복수
1인칭	hablaría	hablaríamos
2인칭	hablarías	hablaríais
3인칭	hablaría	hablarían

	단수	복수
1인칭	comería	comeríamos
2인칭	comerías	comeríais
3인칭	comería	comerían

	단수	복수
1인칭	viviría	viviríamos
2인칭	vivirías	viviríais
3인칭	viviría	vivirían

2. 불규칙동사

어미의 모음 '-e-' 와 '-i-' 대신 '-d-' 가 들어가는 동사군

tener 가지다	tendría	tendrías	tendría	tendríamos	tendríais	tendrían
poner 놓다	pondría	pondrías	pondría	pondríamos	pondríais	pondrían
valer 가치가 나가다	valdría	valdrías	valdría	valdríamos	valdríais	valdrían
venir 오다	vendría	vendrías	vendría	vendríamos	vendríais	vendrían
salir 나가다	saldría	saldrías	saldría	saldríamos	saldríais	saldrían

어미의 모음 '-e-' 가 탈락되는 동사군

haber ~이 있다	habría	habrías	habría	habríamos	habríais	habrían
caber 들어가다	cabría	cabrías	cabría	cabríamos	cabríais	cabrían
saber 알다	sabría	sabrías	sabría	sabríamos	sabríais	sabrían
poder 할 수 있다	podría	podrías	podría	podríamos	podríais	podrían
querer 원하다	querría	querrías	querría	querríamos	querríais	querrían

동사원형에서 모음과 자음이 탈락되는 동사군

hacer 하다	haría	harías	haría	haríamos	haríais	harían
decir 말하다	diría	dirías	diría	diríamos	diríais	dirían

3. 용법

❶ 조건시제는 과거에서 본 미래의 행위를 표현한다.

> Dijo que vendría mañana. 그는 내일 오겠다고 말했다.
>
> Les prometí a mis padres que estudiaría mucho. 나는 부모님에게 열심히 공부하겠다고 약속했다.

❷ 과거, 현재 그리고 미래의 추측을 표현한다.

> ¿Qué horas serían cuando llegaron? 그들이 도착했을 때 몇 시쯤 되었을까? (과거)
>
> Serían las doce de la noche. 아마 밤 12시는 되었을 거야. (과거)
>
> ¿No se equivocaría Ud.? 혹시 당신이 틀리지 않았을까요? (현재)
>
> Sólo Ud. podría hacerlo. 당신만이 그것을 할 수 있을 것이다. (미래)
>
> Me gustaría ver al profesor. 교수님을 만났으면 좋겠다. (현재)

❸ 정중한 표현을 할 때 쓰인다.

> ¿Podría ayudarme? 나를 도와 주시겠어요?
>
> ¿Qué desearía Ud.? 무엇을 원하시는지요?
>
> ¿Podría tomarnos una foto? 사진 한 장 찍어주시겠어요?
>
> ¿Podría darme un vaso de agua? 물 한 컵 주시겠어요?

직설법 완료조건

1. 형태

「조동사 haber의 직설법 조건 + 과거분사」의 형태를 갖는다.

hablar, comer, vivir의 완료 조건형

단수		복수	
habría	hablado	habríamos	hablado
habrías +	comido	habríais +	comido
habría	vivido	habrían	vivido

2. 용법

❶ 과거에서 본 미래의 어느 시점까지는 행위가 완료되었으리라고 상상하거나 추측할 때 사용한다.

Ana me dijo que Juan habría llegado al día siguiente.
아나는 후안이 다음 날 도착했을 것이라고 나에게 말했다.

❷ 과거에 어떤 행위가 완료되어 있을 것이라고 상상 혹은 추측할 때 사용한다.

Ya habrían gastado más de mil euros. 그들은 벌써 천 유로 이상을 써버렸을 거야.

Habría venido ya. 이미 그는 와 있을 거야.

다음 보기와 같이 연습하시오.

> **Yo le escribo una carta. /mañana**
>
> **Mañana le escribiré una carta.**

1. **Ellas nos invitan al teatro./ esta noche**

   ____

2. **Mi amigo estudia español./ el año que viene**

   ____

3. **Te llamo a las siete por teléfono. /esta tarde**

   ____

4. **Comemos en un restaurante italiano. /el sábado que viene**

   ____

5. **Juan va a la escuela./ el próximo lunes.**

   ____

다음 보기와 같이 연습하시오.

> **No tengo tiempo.** **No tendré tiempo.**

1. **María no dice nada.** _______________________

2. **Ella se pone un vestido.** _______________________

3. **José sale de casa a las ocho.** _______________________

4.   **Ellos vienen a la fiesta.**

5.   **No podemos ir al parque.**

6.   **¿Qué hacemos?**

7.   **Ella sabe tu número de teléfono.**

8.   **No hay entradas.**

9.   **Quiero comprar una flor.**

10. **En esta sala no cabe tanta gente.**

다음 보기와 같이 연습하시오.

¿Me puedes ayudar?	¿Me podrías ayudar?

1.   **¿Puede Ud. esperar un momento?**

2.   **¿Me llama Ud. por teléfono?**

3.   **¿Me puedes decir qué hora es?**

4.   **¿Qué quiere Ud.?**

5.   **¿Le puedo hacer una pregunta?**

Lección 16

¿Dónde se venden periódicos?

식사 문화에 대해 말하기

비인칭 구문
재귀 수동구문
상호의 se 구문
관계부사

Minsu **¿Sabes dónde se venden periódicos?**
어디에서 신문이 판매되는지 아니?

Teresa **En el quiosco. Está en la esquina de la calle.**
신문 판매소에서 판매돼. 거리의 모퉁이에 있어.

Minsu **¿Allí se venden también revistas musicales?**
거기에서 음악잡지도 파니?

Teresa **Sí.**
그래.

Minsu **¡Teresa! Tengo hambre. Vamos a comer algo.**
떼레사! 나 배가 고프다. 뭔가를 먹으러 가자.

Teresa **Pero ahora sólo son las doce y media.**
그러나 지금은 겨우 12시 반이야.

¿A qué hora se come en tu país?
너의 나라에서는 몇 시에 식사를 하니?

Minsu **En mi país se come a las doce más o menos.**
우리나라에서는 대략 12시에 점심 식사를 해.

Y la cena tiene lugar a partir de las seis de la tarde.
그리고 저녁은 오후 6시부터 해.

Teresa **En España se suele comer y cenar muy tarde.**
스페인에서는 아주 늦게 점심을 먹고 저녁식사를 하곤 해.

Lo más normal es comer a las dos de la tarde.
일반적으로는 오후 2시에 점심을 먹는 거야.

En los restaurantes se puede comer más tarde.
식당에서는 더 늦게 점심을 먹을 수 있어.

En las familias españolas se suele cenar entre 9 y 10 de la noche.
스페인 가정에서는 저녁 9~10시 사이에 저녁을 먹곤 하지.

En los restaurantes se admite gente hasta las 11 o más de
식당에서는 저녁 11시 또는 그 이후까지 손님을 받아.

la noche.

Minsu **Entonces, ¿aún no se abre el restaurante?**
그러면 아직 식당이 열리지 않았겠구나?

Teresa **Aún no. Pues vamos a la cafetería donde también se sirven café,**
아직 열리지 않았어. 그러면 간이식당으로 가자. 그곳에서도 역시 커피, 음료수 및 먹을거리들이 제공되거든.

bebidas y comidas. Ahora podemos comer algo en cualquier
지금 그 어떤 간이식당에서 뭔가를 먹을 수 있어.

cafetería. Se come bien en aquella cafetería.
저 간이식당이 음식 맛이 좋아.

Minsu **Pero ahora no tengo dinero.**
그런데 내가 지금 돈이 없어.

¿Allí se puede pagar con tarjeta de crédito?
거기에서 신용카드로 지불할 수 있니?

Teresa **No te preocupes. En aquella cafetería se puede pagar en efectivo**
걱정하지 마. 저 간이식당에서는 현찰 또는 신용카드로 지불할 수 있어.

o con tarjeta de crédito.

Minsu **Bueno. Vamos.**
좋아. 가자.

---

se venden 팔리다 (동사 vender의 재귀 수동형 3인칭 복수) | **periódico** 신문 | **quiosco** 매점, 신문 판매소 (quiosco de periódicos) | **esquina** 구석, 모퉁이 | **revista** 잡지 | **musical** 음악의 | **se come** 먹다, 점심을 먹다 (동사 comer의 비인칭형) | **más o menos** 대략, 약 | **cena** 저녁식사, 만찬 | **tiene lugar** 일어나다, 거행되다 | **partir** 출발하다 / a partir de ~부터 | **se suele** 곧잘, 종종 ~하다(soler동사의 비인칭형) | **normal** 정상적인, 일반적인(lo mas + 형용사 : 가장 ~인 것) / Lo más normal 가장 정상적인 것은 | **entre** ~의 사이에 | **se admite** 받아 들이다(동사 admitir의 비인칭형) | **se sirven** 제공하다, 식사의 시중을 들다(동사 servir의 재귀수동형 3인칭 복수) | **cualquier** 어떤 것이라도, 누구라도(cualquiera가 단수명사 앞에 있을 때 -a가 탈락된다) | **dinero** 돈 | **preocupar** 걱정시키다

비인칭구문

비인칭구문은 「Se + 3인칭 단수 동사 + 목적어」로 구성되며, 동사가 항상 3인칭 단수형이다.

En este restaurante se come muy bien.   이 식당은 음식 맛이 아주 좋습니다.

Con esta pluma no se puede escribir.   이 펜으로 쓸 수가 없다.

Se dice que los dos partidos han llegado a un acuerdo.
두 정당이 합의에 도달했다고들 말한다.

En este país se habla español.   이 나라에서는 스페인어를 말한다.

Se alquila apartamentos junto al mar.   바닷가에 있는 아파트를 세놓는다.

Este año se vendió menos coches que el año pasado.
올해는 지난해에 비해 자동차들이 덜 팔렸다.

A partir de las 10 de la noche no se permite visitas en este hospital.
이 병원에서는 저녁 10시부터는 방문이 허용되지 않는다.

En las familias españolas se suele cenar entre 9 y 10 de la noche.
스페인의 가정은 대개 9~10시 사이에 저녁을 먹습니다.

도우미   3인칭 복수형 동사에 의한 무인칭 : 주어는 특정한 "그들"이 아니므로 "그들"이라고 해석해서는 안 된다. ▶ **Lección 12 참조**

Dicen que él es un hombre bueno. (= Se dice que él es un hombre bueno.)
그는 좋은 사람이라고들 한다.

Llaman a la puerta.   누군가가 노크하고 있다.

재귀수동구문

재귀수동구문은 「Se + 3 인칭 단수/복수 동사 + 3 인칭 단수/복수 주어」로 구성된다. 비인칭 Se 와의 차이는 비인칭형은 「Se + 단수 동사 + 목적어」이며, 동사가 항상 3인칭 단수형이라는 것이다.

Se vende la casa. 그 집은 팔린다.

Se venden las casas. 그 집들은 팔린다.

Aquí se venden frutas. 여기서는 과일들이 팔린다.

Las medicinas se venden solamente en las farmacias.
의약품들은 약국에서만 판매한다.

Se alquila apartamento. 아파트를 세놓는다.

Se alquilan apartamentos. 아파트들을 세놓는다(수동).

Se agotó la bebida. 음료수가 떨어졌다.

Se agotaron las bebidas. 음료수들이 떨어졌다(수동).

Se solucionó el problema. 그 문제가 해결되어졌다.

Se solucionaron los problemas. 그 문제들이 해결되어졌다(수동).

상호의 se구문

1. 형태는 재귀동사와 같고, 다른 점은 주어가 항상 복수이고 단수일 수 없다는 것이다. 동사 변화 형도 3가지밖에 없다. 즉, "서로 ~하다"라고 말할 때에 nos, os, se를 붙여서 만든다.

Nos amamos. 우리는 서로 사랑한다.

Os amáis. 너희들은 서로 사랑한다.

Se aman. 그들은 서로 사랑한다.

2. 다음의 경우 "서로 서로"라는 의미를 가진 말(uno a otro, unos a otros, mutuamente, recíprocamente)을 보충해 주면 의미가 명확해진다.

Se golpearon unos a otros. 그들은 서로 때렸다.

El profesor y los alumnos se respetan uno a otro. 교수님과 학생들은 서로를 존중한다.

Padre e hijo se irritaron mutuamente (recíprocamente).
아버지와 아들은 서로 으르렁대고 있었다.

▶ 접속사 'y'는 'i-'나 'hi-'로 시작되는 단어 앞에서 음의 혼돈을 피하기 위하여 'e'로 바꾸어 써야 한다. 그러나 'hie-'로 시작되는 단어 앞이나 문장의 맨 앞에서는 'e'로 바꾸지 않는다.

padre e hijo 아버지와 아들   José e Ignacio 호세와 이그나씨오

tigre y hiena 호랑이와 하이에나   ¿Y Ignacio también? 그런데 이그나씨오도요?

▶ 여자들끼리 "서로 서로"라는 표현을 할 경우 una a otra 또는 복수로 unas a otras라고 해야 한다.

María y Ana se saludan una a otra. 마리아와 아나는 서로 인사를 한다.

관계부사

관계부사는 부사와 접속사의 역할을 하고 선행사로 부사(구) 또는 명사를 둘 수 있다. 대체적으로 다음의 세 종류가 쓰인다.

1. donde

장소를 나타내는 관계부사로서 장소를 의미하는 명사 또는 부사(구) 등을 선행사로 둔다.

Vamos a la cafetería donde se sirven café, bebidas y comidas.
커피, 음료수와 먹을 것이 제공되는 커피숍으로 가자.

Quiero ir a donde tú vas.　네가 가는 곳으로 가고 싶다.

2. cuando

때를 나타내는 관계부사로서 시간을 나타내는 명사 또는 부사(구) 등을 선행사로 둔다.

Entonces fue cuando la vi a ella por primera vez.　내가 그녀를 처음 본 것은 그 때였다.

Era primavera cuando fui a España por primera vez.
내가 처음으로 스페인에 갔을 때는 봄이었다.

3. como

방법을 나타내는 관계부사로서 방법을 의미하는 명사 또는 부사(구) 등을 선행사로 둔다.

Juan sabe la manera como sobrevive aquí.　후안은 어떻게 여기에서 살아남을지를 알고 있다.

괄호 안의 동사를 적절한 형태로 변화시켜 넣으시오.

1. En este restaurante se ______________ (comer) muy bien.

2. Aquí se ____________ (vender) frutas.

3. El profesor y los alumnos se ____________ (respetar) uno a otro.

4. Se ____________ (agotar) las bebidas.

5. María y Juan se ____________ (amar).

6. En este país se ____________ (hablar) español.

7. Con esta pluma no se ____________ (poder) escribir.

8. María y Ana se ____________ (saludar) una a otra.

9. En España se ____________ (soler) cenar entre las 9 y las 10 de la noche.

10. Se ____________ (solucionar) los problemas.

괄호 안에 적절한 관계부사를 넣으시오.

1. Queremos ir a ____________ tú vas.

2. Entonces fue ____________ la vimos a ella por primera vez.

3. Vamos a la cafetería ____________ se sirven café y otras bebidas.

4. Este hombre sabe la manera ____________ sobrevive aquí.

5. Era invierno ____________ fui a España por primera vez.

'돈'이 많은 스페인어

요즈음 우리 사회에서는 '부자되세요'라는 표현이 유행어가 되었습니다. 돈(dinero)의 색깔에 관한 영화도 나온 적이 있었지만 돈은 스페인어에서도 자주 듣는 단어입니다. 세르반테스의 작품 중에 햄릿형과 자주 대비되는 인물형이 등장하는 작품이 바로 돈키호테(don Quijote)입니다. 얼마 전 스웨덴 아카데미의 조사에 의하면 세계에서 가장 많이 읽히는 소설이 바로 이 작품이라고 합니다. 이 작품 제목에서 쓰이는 don은 상대방의 이름(nombre) 앞에 붙이는 경칭입니다. 뭇 여성을 울린 난봉꾼 돈 후안(don Juan)의 이름 앞에서도 don이 쓰입니다. 이외에도 타고난 재능을 말할 때에도 don이라는 단어를 씁니다. 예를 들어 Juan tiene un gran don para tocar la guitarra.라는 문장은 '후안이 기타 연주에 뛰어난 재능을 가지고 있다'는 뜻입니다. 참고로 여자에 대한 경칭은 doña라고 합니다.

부록

규칙동사 변화 | 불규칙동사 변화 | 국적형용사 | 수사(기수)
연습문제 정답

직 설 법				
현재	완료과거 단순형 (= 부정과거)	불완료 과거	미래	조건

hablar 말하다 / hablando / hablado

현재	완료과거 단순형	불완료 과거	미래	조건
hablo	hablé	hablaba	hablaré	hablaría
hablas	hablaste	hablabas	hablarás	hablarías
habla	habló	hablaba	hablará	hablaría
hablamos	hablamos	hablábamos	hablaremos	hablaríamos
habláis	hablasteis	hablabais	hablaréis	hablaríais
hablan	hablaron	hablaban	hablarán	hablarían

comer 먹다 / comido / comiendo

현재	완료과거 단순형	불완료 과거	미래	조건
como	comí	comía	comeré	comería
comes	comiste	comías	comerás	comerías
come	comió	comía	comerá	comería
comemos	comimos	comíamos	comeremos	comeríamos
coméis	comisteis	comíais	comeréis	comeríais
comen	comieron	comían	comerán	comerían

vivir 살다 / viviendo / vivido

현재	완료과거 단순형	불완료 과거	미래	조건
vivo	viví	vivía	viviré	viviría
vives	viviste	vivías	vivirás	vivirías
vive	vivió	vivía	vivirá	viviría
vivimos	vivimos	vivíamos	viviremos	viviríamos
vivís	vivisteis	vivíais	viviréis	viviríais
viven	vivieron	vivían	vivirán	vivirían

	접 속 법			명 령 법
현재	불완료 과거(-ra형)	불완료 과거(-se형)	미래	현재
hable	hablara	hablase	hablare	×
hables	hablaras	hablases	hablares	habla
hable	hablara	hablase	hablare	hable
hablemos	habláramos	hablásemos	habláremos	hablemos
habléis	hablarais	hablaseis	hablareis	hablad
hablen	hablaran	hablasen	hablaren	hablen
coma	comiera	comiese	comiere	×
comas	comieras	comieses	comieres	come
coma	comiera	comiese	comiere	coma
comamos	comiéramos	comiésemos	comiéremos	comamos
comáis	comierais	comieseis	comiereis	comed
coman	comieran	comiesen	comieren	coman
viva	viviera	viviese	viviere	×
vivas	vivieras	vivieses	vivieres	vive
viva	viviera	viviese	viviere	viva
vivamos	viviéramos	viviésemos	viviéremos	vivamos
viváis	vivierais	vivieseis	viviereis	vivid
vivan	vivieran	viviesen	vivieren	vivan

	직 설 법				
	현재	완료과거 단순형 (= 부정과거)	불완료 과거	미래	조건
	actúo	actué	actuaba	actuaré	actuaría
actuar	actúas	actuaste	actuabas	actuarás	actuarías
움직이다	actúa	actuó	actuaba	actuará	actuaría
	actuamos	actuamos	actuábamos	actuaremos	actuaríamos
actuando	actuáis	actuasteis	actuabais	actuaréis	actuaríais
actuado	actúan	actuaron	actuaban	actuarán	actuarían
	adecuo	adecué	adecuaba	adecuaré	adecuaría
adecuar	adecuas	adecuaste	adecuabas	adecuarás	adecuarías
알맞게하다	adecua	adecuó	adecuaba	adecuará	adecuaría
	adecuamos	adecuamos	adecuábamos	adecuaremos	adecuaríamos
adecuando	adecuáis	adecuasteis	adecuabais	adecuaréis	adecuaríais
adecuado	adecuan	adecuaron	adecuaban	adecuarán	adecuarían
	adquiero	adquirí	adquiría	adquiriré	adquiriría
adquirir	adquieres	adquiriste	adquirías	adquirirás	adquirirías
획득하다	adquiere	adquirió	adquiría	adquirirá	adquiriría
	adquirimos	adquirimos	adquiríamos	adquiriremos	adquiriríamos
adquiriendo	adquirís	adquiristeis	adquiríais	adquiriréis	adquiriríais
adquirido	adquieren	adquirieron	adquirían	adquirirán	adquirirían
	advierto	advertí	advertía	advertiré	advertiría
advertir	adviertes	advertiste	advertías	advertirás	advertirías
알아채다	advierte	advirtió	advertía	advertirá	advertiría
	advertimos	advertimos	advertíamos	advertiremos	advertiríamos
advirtiendo	advertís	advertisteis	advertíais	advertiréis	advertiríais
advertido	advierten	advirtieron	advertían	advertirán	advertirían

접 속 법				명 령 법
현재	불완료 과거(-ra형)	불완료 과거(-se형)	미래	현재
actúe	actuara	actuase	actuare	×
actúes	actuaras	actuases	actuares	actúa
actúe	actuara	actuase	actuare	actúe
actuemos	actuáramos	actuásemos	actuáremos	actuemos
actuéis	actuarais	actuaseis	actuareis	actuad
actúen	actuaran	actuasen	actuaren	actúen
adecue	adecuara	adecuase	adecuare	×
adecues	adecuaras	adecuases	adecuares	adecua
adecue	adecuara	adecuase	adecuare	adecue
adecuemos	adecuáramos	adecuásemos	adecuáremos	adecuemos
adecuéis	adecuarais	adecuaseis	adecuareis	adecuad
adecuen	adecuaran	adecuasen	adecuaren	adecuen
adquiera	adquiriera	adquiriese	adquiriere	×
adquieras	adquirieras	adquirieses	adquirieres	adquiere
adquiera	adquiriera	adquiriese	adquiriere	adquiera
adquiramos	adquiriéramos	adquiriésemos	adquiriéremos	adquiramos
adquiráis	adquirierais	adquirieseis	adquiriereis	adquirid
adquieran	adquirieran	adquiriesen	adquirieren	adquieran
advierta	advirtiera	advirtiese	advirtiere	×
adviertas	advirtieras	advirtieses	advirtieres	advierte
advierta	advirtiera	advirtiese	advirtiere	advierta
advirtamos	advirtiéramos	advirtiésemos	advirtiéremos	advirtamos
advirtáis	advirtierais	advirtieseis	advirtiereis	advertid
adviertan	advirtieran	advirtiesen	advirtieren	adviertan

직 설 법				
현재	완료과거 단순형 (= 부정과거)	불완료 과거	미래	조건
ando	anduve	andaba	andaré	andaría
andas	anduviste	andabas	andarás	andarías
anda	anduvo	andaba	andará	andaría
andamos	anduvimos	andábamos	andaremos	andaríamos
andáis	anduvisteis	andabais	andaréis	andaríais
andan	anduvieron	andaban	andarán	andarían

andar 걷다   andando / andado

현재	완료과거 단순형	불완료 과거	미래	조건
asgo	así	asía	asiré	asiría
ases	asiste	asías	asirás	asirías
ase	asió	asía	asirá	asiría
asimos	asimos	asíamos	asiremos	asiríamos
asís	asisteis	asíais	asiréis	asiríais
asen	asieron	asían	asirán	asirían

asir 쥐다   asiendo / asido

현재	완료과거 단순형	불완료 과거	미래	조건
quepo	cupe	cabía	cabré	cabría
cabes	cupiste	cabías	cabrás	cabrías
cabe	cupo	cabía	cabrá	cabría
cabemos	cupimos	cabíamos	cabremos	cabríamos
cabéis	cupisteis	cabíais	cabréis	cabríais
caben	cupieron	cabían	cabrán	cabrían

caber 들어차다   cabiendo / cabido

현재	완료과거 단순형	불완료 과거	미래	조건
caigo	caí	caía	caeré	caería
caes	caíste	caías	caerás	caerías
cae	cayó	caía	caerá	caería
caemos	caímos	caíamos	caeremos	caeríamos
caéis	caísteis	caíais	caeréis	caeríais
caen	cayeron	caían	caerán	caerían

caer 떨어지다   cayendo / caído

접 속 법				명 령 법
현재	불완료 과거(-ra형)	불완료 과거(-se형)	미래	현재
ande	anduviera	anduviese	anduviere	×
andes	anduvieras	anduvieses	anduvieres	anda
ande	anduviera	anduviese	anduviere	ande
andemos	anduviéramos	anduviésemos	anduviéremos	andemos
andéis	anduvierais	anduvieseis	anduviereis	andad
anden	anduvieran	anduviesen	anduvieren	anden
asga	asiera	asiese	asiere	×
asgas	asieras	asieses	asieres	ase
asga	asiera	asiese	asiere	asga
asgamos	asiéramos	asiésemos	asiéremos	asgamos
asgáis	asierais	asieseis	asiereis	asid
asgan	asieran	asiesen	asieren	asgan
quepa	cupiera	cupiese	cupiere	×
quepas	cupieras	cupieses	cupieres	cabe
quepa	cupiera	cupiese	cupiere	quepa
quepamos	cupiéramos	cupiésemos	cupiéremos	quepamos
quepáis	cupierais	cupieseis	cupiereis	cabed
quepan	cupieran	cupiesen	cupieren	quepan
caiga	cayera	cayese	cayere	×
caigas	cayeras	cayeses	cayeres	cae
caiga	cayera	cayese	cayere	caiga
caigamos	cayéramos	cayésemos	cayéremos	caigamos
caigáis	cayerais	cayeseis	cayereis	caed
caigan	cayeran	cayesen	cayeren	caigan

직 설 법				
현재	완료과거 단순형 (= 부정과거)	불완료 과거	미래	조건
cambio	cambié	cambía	cambiaré	cambiaría
cambias	cambiaste	cambías	cambiarás	cambiarías
cambia	cambió	cambía	cambiará	cambiaría
cambiamos	cambiamos	cambíamos	cambiaremos	cambiaríamos
cambiáis	cambiasteis	cambíais	cambiaréis	cambiaríais
cambian	cambiaron	cambían	cambiarán	cambiarían

cambiar
바꾸다
cambiando
cambiado

cojo	cogí	cogía	cogeré	cogería
coges	cogiste	cogías	cogerás	cogerías
coge	cogió	cogía	cogerá	cogería
cogemos	cogimos	cogíamos	cogeremos	cogeríamos
cogéis	cogisteis	cogíais	cogeréis	cogeríais
cogen	cogieron	cogían	cogerán	cogerían

coger
쥐다, 잡다
cogiendo
cogido

conozco	conocí	conocía	conoceré	conocería
conoces	conociste	conocías	conocerás	conocerías
conoce	conoció	conocía	conocerá	conocería
conocemos	conocimos	conocíamos	conoceremos	conoceríamos
conocéis	conocisteis	conocíais	conoceréis	conoceríais
conocen	conocieron	conocían	conocerán	conocerían

conocer
알다
conociendo
conocido

construyo	construí	construía	construiré	construiría
construyes	construiste	construías	construirás	construirías
construye	construyó	construía	construirá	construiría
construimos	construimos	construíamos	construiremos	construiríamos
construís	construisteis	construíais	construiréis	construiríais
construyen	construyeron	construían	construirán	construirían

construir
건설하다
construyendo
construido

	접 속 법			명 령 법
현재	불완료 과거(-ra형)	불완료 과거(-se형)	미래	현재
cambie	cambiara	cambiase	cambiare	×
cambies	cambiaras	cambiases	cambiares	cambia
cambie	cambiara	cambiase	cambiare	cambie
cambiemos	cambiáramos	cambiásemos	cambiáremos	cambiemos
cambiéis	cambiarais	cambiaseis	cambiareis	cambiad
cambien	cambiaran	cambiasen	cambiaren	cambien
coja	cogiera	cogiese	cogiere	×
cojas	cogieras	cogieses	cogieres	coge
coja	cogiera	cogiese	cogiere	coja
cojamos	cogiéramos	cogiésemos	cogiéremos	cojamos
cojáis	cogierais	cogieseis	cogiereis	coged
cojan	cogieran	cogiesen	cogieren	cojan
conozca	conociera	conociese	conociere	×
conozcas	conocieras	conocieses	conocieres	conoce
conozca	conociera	conociese	conociere	conozca
conozcamos	conociéramos	conociésemos	conociéremos	conozcamos
conozcáis	conocierais	conocieseis	conociereis	conoced
conozcan	conocieran	conociesen	conocieren	conozcan
construya	construyera	construyese	construyere	×
construyas	construyeras	construyeses	construyeres	construye
construya	construyera	construyese	construyere	construya
construyamos	construyéramos	construyésemos	construyéremos	construyamos
construyáis	construyerais	construyeseis	construyereis	construid
construyan	construyeran	construyesen	construyeren	construyan

직 설 법				
현재	완료과거 단순형 (= 부정과거)	불완료 과거	미래	조건

contar
세다

contando
contado

현재	완료과거 단순형	불완료 과거	미래	조건
cuento	conté	contaba	contaré	contaría
cuentas	contaste	contabas	contarás	contarías
cuenta	contó	contaba	contará	contaría
contamos	contamos	contábamos	contaremos	contaríamos
contáis	contasteis	contabais	contaréis	contaríais
cuentan	contaron	contaban	contarán	contarían

continuar
계속하다

continuando
continuado

현재	완료과거 단순형	불완료 과거	미래	조건
continúo	continué	continuaba	continuaré	continuaría
continúas	continuaste	continuabas	continuarás	continuarías
continúa	continuó	continuaba	continuará	continuaría
continuamos	continuamos	continuábamos	continuaremos	continuaríamos
continuáis	continuasteis	continuabais	continuaréis	continuaríais
continúan	continuaron	continuaban	continuarán	continuarían

crecer
성장하다

creciendo
crecido

현재	완료과거 단순형	불완료 과거	미래	조건
crezco	crecí	crecía	creceré	crecería
creces	creciste	crecías	crecerás	crecerías
crece	creció	crecía	crecerá	crecería
crecemos	crecimos	crecíamos	creceremos	creceríamos
crecéis	crecisteis	crecíais	creceréis	creceríais
crecen	crecieron	crecían	crecerán	crecerían

dar
주다

dando
dado

현재	완료과거 단순형	불완료 과거	미래	조건
doy	di	daba	daré	daría
das	diste	dabas	darás	darías
da	dio	daba	dará	daría
damos	dimos	dábamos	daremos	daríamos
dais	disteis	dabais	daréis	daríais
dan	dieron	daban	darán	darían

접 속 법				명 령 법
현재	불완료 과거(-ra형)	불완료 과거(-se형)	미래	현재
cuente	contara	contase	contare	×
cuentes	contaras	contases	contares	cuenta
cuente	contara	contase	contare	cuente
contemos	contáramos	contásemos	contáremos	contemos
contéis	contarais	contaseis	contareis	contad
cuenten	contaran	contasen	contaren	cuenten
continúe	continuara	continuase	continuare	×
continúes	continuaras	continuases	continuares	continúa
continúe	continuara	continuase	continuare	continúe
continuemos	continuáramos	continuásemos	continuáremos	continuemos
continuéis	continuarais	continuaseis	continuareis	continuad
continúen	continuaran	continuasen	continuaren	continúen
crezca	creciera	creciese	creciere	×
crezcas	crecieras	crecieses	crecieres	crece
crezca	creciera	creciese	creciere	crezca
crezcamos	creciéramos	creciésemos	creciéremos	crezcamos
crezcáis	crecierais	crecieseis	creciereis	creced
crezcan	crecieran	creciesen	crecieren	crezcan
dé	diera	diese	diere	×
des	dieras	dieses	dieres	da
dé	diera	diese	diere	dé
demos	diéramos	diésemos	diéremos	demos
deis	dierais	dieseis	diereis	dad
den	dieran	diesen	dieren	den

	직 설 법				
	현재	완료과거 단순형 (= 부정과거)	불완료 과거	미래	조건
decir 말하다 diciendo dicho	digo dices dice decimos decís dicen	dije dijiste dijo dijimos dijisteis dijeron	decía decías decía decíamos decíais decían	diré dirás dirá diremos diréis dirán	diría dirías diría diríamos diríais dirían
despedir 전송하다 despidiendo despedido	despido despides despide despedimos despedís despiden	despedí despediste despidió despedimos despedisteis despidieron	despedía despedías despedía despedíamos despedíais despedían	despediré despedirás despedirá despediremos despediréis despedirán	despediría despedirías despediría despediríamos despediríais despedirían
divertir 즐겁게하다 divirtiendo divertido	divierto diviertes divierte divertimos divertís divierten	divertí divertiste divirtió divertimos divertisteis divirtieron	divertía divertías divertía divertíamos divertíais divertían	divertiré divertirás divertirá divertiremos divertiréis divertirán	divertiría divertirías divertiría divertiríamos divertiríais divertirían
dormir 재우다 durmiendo dormido	duermo duermes duerme dormimos dormís duermen	dormí dormiste durmió dormimos dormisteis durmieron	dormía dormías dormía dormíamos dormíais dormían	dormiré dormirás dormirá dormiremos dormiréis dormirán	dormiría dormirías dormiría dormiríamos dormiríais dormirían

| | 접 속 법 | | | 명 령 법 |
현재	불완료 과거(-ra형)	불완료 과거(-se형)	미래	현재
diga	dijera	dijese	dijere	×
digas	dijeras	dijeses	dijeres	di
diga	dijera	dijese	dijere	diga
digamos	dijéramos	dijésemos	dijéremos	digamos
digáis	dijerais	dijeseis	dijereis	decid
digan	dijeran	dijesen	dijeren	digan
despida	despidiera	despidiese	despidiere	×
despidas	despidieras	despidieses	despidieres	despide
despida	despidiera	despidiese	despidiere	despida
despidamos	despidiéramos	despidiésemos	despidiéremos	despidamos
despidáis	despidierais	despidieseis	despidiereis	despedid
despidan	despidieran	despidiesen	despidieren	despidan
divierta	divirtiera	divirtiese	divirtiere	×
diviertas	divirtieras	divirtieses	divirtieres	divierte
divierta	divirtiera	divirtiese	divirtiere	divierta
divirtamos	divirtiéramos	divirtiésemos	divirtiéremos	divirtamos
divirtáis	divirtierais	divirtieseis	divirtiereis	divertid
diviertan	divirtieran	divirtiesen	divirtieren	diviertan
duerma	durmiera	durmiese	durmiere	×
duermas	durmieras	durmieses	durmieres	duerme
duerma	durmiera	durmiese	durmiere	duerma
durmamos	durmiéramos	durmiésemos	durmiéremos	durmamos
durmáis	durmierais	durmieseis	durmiereis	dormid
duerman	durmieran	durmiesen	durmieren	duerman

	직 설 법				
	현재	완료과거 단순형 (= 부정과거)	불완료 과거	미래	조건
empezar 시작하다	empiezo empiezas empieza empezamos empezáis empiezan	empecé empezaste empezó empezamos empezasteis empezaron	empezaba empezabas empezaba empezábamos empezabais empezaban	empezaré empezarás empezará empezaremos empezaréis empezarán	empezaría empezarías empezaría empezaríamos empezaríais empezarían
empezando empezado					
encender 불을 켜다	enciendo enciendes enciende encendemos encendéis encienden	encendí encendiste encendió encendimos encendisteis encendieron	encendía encendías encendía encendíamos encendíais encendían	encenderé encenderás encenderá encenderemos encenderéis encenderán	encendería encenderías encendería encenderíamos encenderíais encenderían
encendiendo encendido					
encontrar 발견하다	encuentro encuentras encuentra encontramos encontráis encuentran	encontré encontraste encontró encontramos encontrasteis encontraron	encontraba encontrabas encontraba encontrábamos encontrabais encontraban	encontraré encontrarás encontrará encontraremos encontraréis encontrarán	encontraría encontrarías encontraría encontraríamos encontraríais encontrarían
encontrando encontrado					
entender 이해하다	entiendo entiendes entiende entendemos entendéis entienden	entendí entendiste entendió entendimos entendisteis entendieron	entendía entendías entendía entendíamos entendíais entendían	entenderé entenderás entenderá entenderemos entenderéis entenderán	entendería entenderías entendería entenderíamos entenderíais entenderían
entendiendo entendido					

접 속 법				명 령 법
현재	불완료 과거(-ra형)	불완료 과거(-se형)	미래	현재
empiece	empezara	empezase	empezare	×
empieces	empezaras	empezases	empezares	empieza
empiece	empezara	empezase	empezare	empiece
empecemos	empezáramos	empezásemos	empezáremos	empecemos
empecéis	empezarais	empezaseis	empezareis	empezad
empiecen	empezaran	empezasen	empezaren	empiecen
encienda	encendiera	encendiese	encendiere	×
enciendas	encendieras	encendieses	encendieres	enciende
encienda	encendiera	encendiese	encendiere	encienda
encendamos	encendiéramos	encendiésemos	encendiéremos	encendamos
encendáis	encendierais	encendieseis	encendiereis	encended
enciendan	encendieran	encendiesen	encendieren	enciendan
encuentre	encontrara	encontrase	encontrare	×
encuentres	encontraras	encontrases	encontrares	encuentra
encuentre	encontrara	encontrase	encontrare	encuentre
encontremos	encontráramos	encontrásemos	encontráremos	encontremos
encontréis	encontrarais	encontraseis	encontrareis	encontrad
encuentren	encontraran	encontrasen	encontraren	encuentren
entienda	entendiera	entendiese	entendiere	×
entiendas	entendieras	entendieses	entendieres	entiende
entienda	entendiera	entendiese	entendiere	entienda
entendamos	entendiéramos	entendiésemos	entendiéremos	entendamos
entendáis	entendierais	entendieseis	entendiereis	entended
entiendan	entendieran	entendiesen	entendieren	entiendan

	현재	완료과거 단순형 (= 부정과거)	불완료 과거	미래	조건
직 설 법					
enviar 보내다 enviando enviado	envío envías envía enviamos enviáis envían	envié enviaste envió cnviamos enviasteis enviaron	enviaba enviabas enviaba enviábamos enviabais enviaban	enviaré enviarás enviará enviaremos enviaréis enviarán	enviaría enviarías enviaría enviaríamos enviaríais enviarían
estar ～이다 estando estado	estoy estás está estamos estáis están	estuve estuviste estuvo estuvimos estuvisteis estuvieron	estaba estabas estaba estábamos estabais estaban	estaré estarás estará estaremos estaréis estarán	estaría estarías estaría estaríamos estaríais estarían
haber 갖다 habiendo habido	he has ha, hay hemos habéis han	hube hubiste hubo hubimos hubisteis hubieron	había habías había habíamos habíais habían	habré habrás habrá habremos habréis habrán	habría habrías habría habríamos habríais habrían
hacer ～하다 haciendo hecho	hago haces hace hacemos hacéis hacen	hice hiciste hizo hicimos hicisteis hicieron	hacía hacías hacía hacíamos hacíais hacían	haré harás hará haremos haréis harán	haría harías haría haríamos haríais harían

접 속 법				명 령 법
현재	불완료 과거(-ra형)	불완료 과거(-se형)	미래	현재
envíe	enviara	enviase	enviare	×
envíes	enviaras	enviases	enviares	envía
envíe	enviara	enviase	enviare	envíe
enviemos	enviáramos	enviásemos	enviáremos	enviemos
enviéis	enviarais	enviaseis	enviareis	enviad
envíen	enviaran	enviasen	enviaren	envíen
esté	estuviera	estuviese	estuviere	×
estés	estuvieras	estuvieses	estuvieres	está
esté	estuviera	estuviese	estuviere	esté
estemos	estuviéramos	estuviésemos	estuviéremos	estemos
estéis	estuvierais	estuvieseis	estuviereis	estad
estén	estuvieran	estuviesen	estuvieren	estén
haya	hubiera	hubiese	hubiere	×
hayas	hubieras	hubieses	hubieres	he
haya	hubiera	hubiese	hubiere	haya
hayamos	hubiéramos	hubiésemos	hubiéremos	hayamos
hayáis	hubierais	hubieseis	hubiereis	habed
hayan	hubieran	hubiesen	hubieren	hayan
haga	hiciera	hiciese	hiciere	×
hagas	hicieras	hicieses	hicieres	haz
haga	hiciera	hiciese	hiciere	haga
hagamos	hiciéramos	hiciésemos	hiciéremos	hagamos
hagáis	hicierais	hicieseis	hiciereis	haced
hagan	hicieran	hiciesen	hicieren	hagan

	직 설 법				
	현재	완료과거 단순형 (= 부정과거)	불완료 과거	미래	조건
huir 도망치다 huyendo huido	huyo huyes huye huimos huis huyen	hui huiste huyó huimos huisteis huyeron	huía huías huía huíamos huíais huían	huiré huirás huirá huiremos huiréis huirán	huiría huirías huiría huiríamos huiríais huirían
ir 가다 yendo ido	voy vas va vamos vais van	fui fuiste fue fuimos fuisteis fueron	iba ibas iba íbamos ibais iban	iré irás irá iremos iréis irán	iría irías iría iríamos iríais irían
jugar 놀다 jugando jugado	juego juegas juega jugamos jugáis juegan	jugué jugaste jugó jugamos jugasteis jugaron	jugaba jugabas jugaba jugábamos jugabais jugaban	jugaré jugarás jugará jugaremos jugaréis jugarán	jugaría jugarías jugaría jugaríamos jugaríais jugarían
leer 읽다 leyendo leído	leo lees lee leemos leéis leen	leí leíste leyó leímos leísteis leyeron	leía leías leía leíamos leíais leían	leeré leerás leerá leeremos leeréis leerán	leería leerías leería leeríamos leeríais leerían

	접 속 법			명 령 법
현재	불완료 과거(-ra형)	불완료 과거(-se형)	미래	현재
huya	huyera	huyese	huyere	×
huyas	huyeras	huyeses	huyeres	huye
huya	huyera	huyese	huyere	huya
huyamos	huyéramos	huyésemos	huyéremos	huyamos
huyáis	huyerais	huyeseis	huyereis	huid
huyan	huyeran	huyesen	huyeren	huyan
vaya	fuera	fuese	fuere	×
vayas	fueras	fueses	fueres	ve
vaya	fuera	fuese	fuere	vaya
vayamos	fuéramos	fuésemos	fuéremos	vamos
vayáis	fuerais	fueseis	fuereis	id
vayan	fueran	fuesen	fueren	vayan
juegue	jugara	jugase	jugare	×
juegues	jugaras	jugases	jugares	juega
juegue	jugara	jugase	jugare	juegue
juguemos	jugáramos	jugásemos	jugáremos	juguemos
juguéis	jugarais	jugaseis	jugareis	jugad
jueguen	jugaran	jugasen	jugaren	jueguen
lea	leyera	leyese	leyere	×
leas	leyeras	leyeses	leyeres	lee
lea	leyera	leyese	leyere	lea
leamos	leyéramos	leyésemos	leyéremos	leamos
leáis	leyerais	leyeseis	leyereis	leed
lean	leyeran	leyesen	leyeren	lean

	직 설 법				
	현재	완료과거 단순형 (= 부정과거)	불완료 과거	미래	조건
mentir 거짓말하다 mintiendo mentido	miento mientes miente mentimos mentís mienten	mentí mentiste mintió mentimos mentisteis mintieron	mentía mentías mentía mentíamos mentíais mentían	mentiré mentirás mentirá mentiremos mentiréis mentirán	mentiría mentirías mentiría mentiríamos mentiríais mentirían
morir 죽다 muriendo muerto	muero mueres muere morimos morís mueren	morí moriste murió morimos moristeis murieron	moría morías moría moríamos moríais morían	moriré morirás morirá moriremos moriréis morirán	moriría morirías moriría moriríamos moriríais morirían
nacer 태어나다 naciendo nacido	nazco naces nace nacemos nacéis nacen	nací naciste nació nacimos nacisteis nacieron	nacía nacías nacía nacíamos nacíais nacían	naceré nacerás nacerá naceremos naceréis nacerán	nacería nacerías nacería naceríamos naceríais nacerían
obtener 얻다 obteniendo obtenido	obtengo obtienes obtiene obtenemos obtenéis obtienen	obtuve obtuviste obtuvo obtuvimos obtuvisteis obtuvieron	obtenía obtenías obtenía obteníamos obteníais obtenían	obtendré obtendrás obtendrá obtendremos obtendréis obtendrán	obtendría obtendrías obtendría obtendríamos obtendríais obtendrían

접 속 법				명 령 법
현재	불완료 과거(-ra형)	불완료 과거(-se형)	미래	현재
mienta	mintiera	mintiese	mintiere	×
mientas	mintieras	mintieses	mintieres	miente
mienta	mintiera	mintiese	mintiere	mienta
mintamos	mintiéramos	mintiésemos	mintiéremos	mintamos
mintáis	mintierais	mintieseis	mintiereis	mentid
mientan	mintieran	mintiesen	mintieren	mientan
muera	muriera	muriese	muriere	×
mueras	murieras	murieses	murieres	muere
muera	muriera	muriese	muriere	muera
muramos	muriéramos	muriésemos	muriéremos	muramos
muráis	murierais	murieseis	muriereis	morid
mueran	murieran	muriesen	murieren	mueran
nazca	naciera	naciese	naciere	×
nazcas	nacieras	nacieses	nacieres	nace
nazca	naciera	naciese	naciere	nazca
nazcamos	naciéramos	naciésemos	naciéremos	nazcamos
nazcáis	nacierais	nacieseis	naciereis	naced
nazcan	nacieran	naciesen	nacieren	nazcan
obtenga	obtuviera	obtuviese	obtuviere	×
obtengas	obtuvieras	obtuvieses	obtuvieres	obten
obtenga	obtuviera	obtuviese	obtuviere	obtenga
obtengamos	obtuviéramos	obtuviésemos	obtuviéremos	obtengamos
obtengáis	obtuvierais	obtuvieseis	obtuviereis	obtened
obtengan	obtuvieran	obtuviesen	obtuvieren	obtengan

	직 설 법				
	현재	완료과거 단순형 (= 부정과거)	불완료 과거	미래	조건
oír 듣다 oyendo oído	oigo oyes oye oimos oís oyen	oí oiste oyó oímos oísteis oyeron	oía oías oía oíamos oíais oían	oiré oirás oirá oiremos oiréis oirán	oiría oirías oiría oiríamos oiríais oirían
pagar 지불하다 pagando pagado	pago pagas paga pagamos pagáis pagan	pagué pagaste pagó pagamos pagasteis pagaron	pagaba pagabas pagaba pagábamos pagabais pagaban	pagaré pagarás pagará pagaremos pagaréis pagarán	pagaría pagarías pagaría pagaríamos pagaríais pagarían
pedir 요구하다 pidiendo pedido	pido pides pide pedimos pedís piden	pedí pediste pidió pedimos pedisteis pidieron	pedía pedías pedía pedíamos pedíais pedían	pediré pedirás pedirá pediremos pediréis pedirán	pediría pedirías pediría pediríamos pediríais pedirían
pensar 생각하다 pensando pensado	pienso piensas piensa pensamos pensáis piensan	pensé pensaste pensó pensamos pensasteis pensaron	pensaba pensabas pensaba pensábamos pensabais pensaban	pensaré pensarás pensará pensaremos pensaréis pensarán	pensaría pensarías pensaría pensaríamos pensaríais pensarían

접 속 법				명 령 법
현재	불완료 과거(-ra형)	불완료 과거(-se형)	미래	현재
oiga	oyera	oyese	oyere	×
oigas	oyeras	oyeses	oyeres	oye
oiga	oyera	oyese	oyere	oiga
oigamos	oyéramos	oyésemos	oyéremos	oigamos
oigáis	oyerais	oyeseis	oyereis	oid
oigan	oyeran	oyesen	oyeren	oigan
pague	pagara	pagase	pagare	×
pagues	pagaras	pagases	pagares	paga
pague	pagara	pagase	pagare	pague
paguemos	pagáramos	pagásemos	pagáremos	paguemos
paguéis	pagarais	pagaseis	pagareis	pagad
paguen	pagaran	pagasen	pagaren	paguen
pida	pidiera	pidiese	pidiere	×
pidas	pidieras	pidieses	pidieres	pide
pida	pidiera	pidiese	pidiere	pida
pidamos	pidiéramos	pidiésemos	pidiéremos	pidamos
pidáis	pidierais	pidieseis	pidiereis	pedid
pidan	pidieran	pidiesen	pidieren	pidan
piense	pensara	pensase	pensare	×
pienses	pensaras	pensases	pensares	piensa
piense	pensara	pensase	pensare	piense
pensemos	pensáramos	pensásemos	pensáremos	pensemos
penséis	pensarais	pensaseis	pensareis	pensad
piensen	pensaran	pensasen	pensaren	piensen

	직 설 법				
	현재	완료과거 단순형 (= 부정과거)	불완료 과거	미래	조건
perder 잃다 perdiendo perdido	pierdo pierdes pierde perdemos perdéis pierden	perdí perdiste perdió perdimos perdisteis perdieron	perdía perdías perdía perdíamos perdíais perdían	perderé perderás perderá perderemos perderéis perderán	perdería perderías perdería perderíamos perderíais perderían
poder 할 수 있다 pudiendo podido	puedo puedes puede podemos podéis pueden	pude pudiste pudo pudimos pudisteis pudieron	podía podías podía podíamos podíais podían	podré podrás podrá podremos podréis podrán	podría podrías podría podríamos podríais podrían
poner 놓다 poniendo puesto	pongo pones pone ponemos ponéis ponen	puse pusiste puso pusimos pusisteis pusieron	ponía ponías ponía poníamos poníais ponían	pondré pondrás pondrá pondremos pondréis pondrán	pondría pondrías pondría pondríamos pondríais pondrían
preferir 선호하다 prefiriendo preferido	prefiero prefieres prefiere preferimos preferís prefieren	preferí preferiste prefirió preferimos preferisteis prefirieron	prefería preferías prefería preferíamos preferíais preferían	preferiré preferirás preferirá preferiremos preferiréis preferirán	preferiría preferirías preferiría preferiríamos preferiríais preferirían

접 속 법				명 령 법
현재	불완료 과거(-ra형)	불완료 과거(-se형)	미래	현재
pierda	perdiera	perdiese	perdiere	×
pierdas	perdieras	perdieses	perdieres	pierde
pierda	perdiera	perdiese	perdiere	pierda
perdamos	perdiéramos	perdiésemos	perdiéremos	perdamos
perdáis	perdierais	perdieseis	perdiereis	perded
pierdan	perdieran	perdiesen	perdieren	pierdan
pueda	pudiera	pudiese	pudiere	
puedas	pudieras	pudieses	pudieres	
pueda	pudiera	pudiese	pudiere	명령형은 없음
podamos	pudiéramos	pudiésemos	pudiéremos	
podáis	pudierais	pudieseis	pudiereis	
puedan	pudieran	pudiesen	pudieren	
ponga	pusiera	pusiese	pusiere	×
pongas	pusieras	pusieses	pusieres	pon
ponga	pusiera	pusiese	pusiere	ponga
pongamos	pusiéramos	pusiésemos	pusiéremos	pongamos
pongáis	pusierais	pusieseis	pusiereis	poned
pongan	pusieran	pusiesen	pusieren	pongan
prefiera	prefiriera	prefiriese	prefiriere	
prefieras	prefirieras	prefirieses	prefirieres	
prefiera	prefiriera	prefiriese	prefiriere	명령형은 없음
prefiramos	prefiriéramos	prefiriésemos	prefiriéremos	
prefiráis	prefirierais	prefirieseis	prefiriereis	
prefieran	prefirieran	prefiriesen	prefirieren	

직 설 법				
현재	완료과거 단순형 (= 부정과거)	불완료 과거	미래	조건

producir
생산하다

	현재	완료과거 단순형 (= 부정과거)	불완료 과거	미래	조건
	produzco	produje	producía	produciré	produciría
	produces	produjiste	producías	producirás	producirías
	produce	produjo	producía	producirá	produciría
	producimos	produjimos	producíamos	produciremos	produciríamos
produciendo	producís	produjisteis	producíais	produciréis	produciríais
producido	producen	produjeron	producían	producirán	producirían

querer 좋아하다

	quiero	quise	quería	querré	querría
	quieres	quisiste	querías	querrás	querrías
	quiere	quiso	quería	querrá	querría
	queremos	quisimos	queríamos	querremos	querríamos
queriendo	queréis	quisisteis	queríais	querréis	querríais
querido	quieren	quisieron	querían	querrán	querrían

recordar 기억하다

	recuerdo	recordé	recordaba	recordaré	recordaría
	recuerdas	recordaste	recordabas	recordarás	recordarías
	recuerda	recordó	recordaba	recordará	recordaría
	recordamos	recordamos	recordábamos	recordaremos	recordaríamos
recordando	recordáis	recordasteis	recordabais	recordaréis	recordaríais
recordado	recuerdan	recordaron	recordaban	recordarán	recordarían

reír 웃다

	río	reí	reía	reiré	reiría
	ríes	reíste	reías	reirás	reirías
	ríe	rio (rió)	reía	reirá	reiría
	reímos	reímos	reíamos	reiremos	reiríamos
riendo	reís	reísteis	reíais	reiréis	reiríais
reído	ríen	rieron	reían	reirán	reirían

| | 접 속 법 | | | 명 령 법 |
현재	불완료 과거(-ra형)	불완료 과거(-se형)	미래	현재
produzca	produjera	produjese	produjere	×
produzcas	produjeras	produjeses	produjeres	produce
produzca	produjera	produjese	produjere	produzca
produzcamos	produjéramos	produjésemos	produjéremos	produzcamos
produzcáis	produjerais	produjeseis	produjereis	producid
produzcan	produjeran	produjesen	produjeren	produzcan
quiera	quisiera	quisiese	quisiere	×
quieras	quisieras	quisieses	quisieres	quiere
quiera	quisiera	quisiese	quisiere	quiera
queramos	quisiéramos	quisiésemos	quisiéremos	queramos
queráis	quisierais	quisieseis	quisiereis	quered
quieran	quisieran	quisiesen	quisieren	quieran
recuerde	recordara	recordase	recordare	×
recuerdes	recordaras	recordases	recordares	recuerda
recuerde	recordara	recordase	recordare	recuerde
recordemos	recordáramos	recordásemos	recordáremos	recordemos
recordéis	recordarais	recordaseis	recordareis	recordad
recuerden	recordaran	recordasen	recordaren	recuerden
ría	riera	riese	riere	×
rías	rieras	rieses	rieres	ríe
ría	riera	riese	riere	ría
riamos	riéramos	riésemos	riéremos	riamos
riais (riáis)	rierais	rieseis	riereis	reíd
rían	rieran	riesen	rieren	rían

	직 설 법				
	현재	완료과거 단순형 (= 부정과거)	불완료 과거	미래	조건
saber 알다 sabiendo sabido	sé sabes sabe sabemos sabéis saben	supe supiste supo supimos supisteis supieron	sabía sabías sabía sabíamos sabíais sabían	sabré sabrás sabrá sabremos sabréis sabrán	sabría sabrías sabria sabríamos sabríais sabrían
sacar 꺼내다 sacando sacado	saco sacas saca sacamos sacáis sacan	saqué sacaste sacó sacamos sacasteis sacaron	sacaba sacabas sacaba sacábamos sacabais sacaban	sacaré sacarás sacará sacaremos sacareis sacarán	sacaría sacarías sacaría sacaríamos sacaríais sacarían
salir 나가다 saliendo salido	salgo sales sale salimos salís salen	salí saliste salió salimos salisteis salieron	salía salías salía salíamos salíais salían	saldré saldrás saldrá saldremos saldréis saldrán	saldría saldrías saldría saldríamos saldríais saldrían
satisfacer 만족시키다 satisfaciendo satisfecho	satisfago satisfaces satisface satisfacemos satisfacéis satisfacen	satisfice satisficiste satisfizo satisficimos satisficisteis satisficieron	satisfacía satisfacías satisfacía satisfacíamos satisfacíais satisfacían	satisfaré satisfarás satisfará satisfaremos satisfaréis satisfarán	satisfaría satisfarías satisfaría satisfaríamos satisfaríais satisfarían

	접 속 법			명 령 법
현재	불완료 과거(-ra형)	불완료 과거(-se형)	미래	현재
sepa	supiera	supiese	supiere	×
sepas	supieras	supieses	supieres	sabe
sepa	supiera	supiese	supiere	sepa
sepamos	supiéramos	supiésemos	supiéremos	sepamos
sepáis	supierais	supieseis	supiereis	sabed
sepan	supieran	supiesen	supieren	sepan
saque	sacara	sacase	sacare	×
saques	sacaras	sacases	sacares	saca
saque	sacara	sacase	sacare	saque
saquemos	sacáramos	sacásemos	sacáremos	saquemos
saquéis	sacarais	sacaseis	sacareis	sacad
saquen	sacaran	sacasen	sacaren	saquen
salga	saliera	saliese	saliere	×
salgas	salieras	salieses	salieres	sal
salga	saliera	saliese	saliere	salga
salgamos	saliéramos	saliésemos	saliéremos	salgamos
salgáis	salierais	salieseis	saliereis	salid
salgan	salieran	saliesen	salieren	salgan
satisfaga	satisficiera	satisficiese	satisficiere	×
satisfagas	satisficieras	satisficieses	satisficieres	satisfaz
satisfaga	satisficiera	satisficiese	satisficiere	satisfaga
satisfagamos	satisficiéramos	satisficiésemos	satisficiéremos	satisfagamos
satisfagáis	satisficierais	satisficieseis	satisficiereis	satisfaced
satisfagan	satisficieran	satisficiesen	satisficieren	satisfagan

	직 설 법				
	현재	완료과거 단순형 (= 부정과거)	불완료 과거	미래	조건
seguir 따르다 siguiendo seguido	sigo sigues sigue seguimos seguís siguen	seguí seguiste siguió seguimos seguisteis siguieron	seguía seguías seguía seguíamos seguíais seguían	seguiré seguirás seguirá seguiremos seguiréis seguirán	seguiría seguirías seguiría seguiríamos seguiríais seguirían
sentar 앉히다 sentando sentado	siento sientas sienta sentamos sentáis sientan	senté sentaste sentó sentamos sentasteis sentaron	sentaba sentabas sentaba sentábamos sentabais sentaban	sentaré sentarás sentará sentaremos sentaréis sentarán	sentaría sentarías sentaría sentaríamos sentaríais sentarían
sentir 느끼다 sintiendo sentido	siento sientes siente sentimos sentís sienten	sentí sentiste sintió sentimos sentisteis sintieron	sentía sentías sentía sentíamos sentíais sentían	sentiré sentirás sentirá sentiremos sentiréis sentirán	sentiría sentirías sentiría sentiríamos sentiríais sentirían
ser ~이다 siendo sido	soy eres es somos sois son	fui fuiste fue fuimos fuisteis fueron	era eras era éramos erais eran	seré serás será seremos seréis serán	sería serías sería seríamos seríais serían

	접 속 법			명 령 법
현재	불완료 과거(-ra형)	불완료 과거(-se형)	미래	현재
siga	siguiera	siguiese	siguiere	×
sigas	siguieras	siguieses	siguieres	sigue
siga	siguiera	siguiese	siguiere	siga
sigamos	siguiéramos	siguiésemos	siguiéremos	sigamos
sigáis	siguierais	siguieseis	siguiereis	seguid
sigan	siguieran	siguiesen	siguieren	sigan
siente	sentara	sentase	sentare	×
sientes	sentaras	sentases	sentares	sienta
siente	sentara	sentase	sentare	siente
sentemos	sentáramos	sentásemos	sentáremos	sentemos
sentéis	sentarais	sentaseis	sentareis	sentad
sienten	sentaran	sentasen	sentaren	sienten
sienta	sintiera	sintiese	sintiere	×
sientas	sintieras	sintieses	sintieres	siente
sienta	sintiera	sintiese	sintiere	sienta
sintamos	sintiéramos	sintiésemos	sintiéremos	sintamos
sintáis	sintierais	sintieseis	sintiereis	sentid
sientan	sintieran	sintiesen	sintieren	sientan
sea	fuera	fuese	fuere	×
seas	fueras	fueses	fueres	sé
sea	fuera	fuese	fuere	sea
seamos	fuéramos	fuésemos	fuéremos	seamos
seáis	fuerais	fueseis	fuereis	sed
sean	fueran	fuesen	fueren	sean

	직 설 법				
	현재	완료과거 단순형 (= 부정과거)	불완료 과거	미래	조건
servir 봉사하다 sirviendo servido	sirvo sirves sirve servimos servís sirven	serví serviste sirvió servimos servisteis sirvieron	servía servías servía servíamos servíais servían	serviré servirás servirá serviremos serviréis servirán	serviría servirías serviría serviríamos serviríais servirían
tener 가지다 teniendo tenido	tengo tienes tiene tenemos tenéis tienen	tuve tuviste tuvo tuvimos tuvisteis tuvieron	tenía tenías tenía teníamos teníais tenían	tendré tendrás tendrá tendremos tendréis tendrán	tendría tendrías tendría tendríamos tendríais tendrían
traer 가져오다 trayendo traído	traigo traes trae traemos traéis traen	traje trajiste trajo trajimos trajisteis trajeron	traía traías traía traíamos traíais traían	traeré traerás traerá traeremos traeréis traerán	traería traerías traería traeríamos traeríais traerían
valer 가치가 있다 valiendo valido	valgo vales vale valemos valéis valen	valí valiste valió valimos valisteis valieron	valía valías valía valíamos valíais valían	valdré valdrás valdrá valdremos valdréis valdrán	valdría valdrías valdría valdríamos valdríais valdrían

	접 속 법			명 령 법
현재	불완료 과거(-ra형)	불완료 과거(-se형)	미래	현재
sirva	sirviera	sirviese	sirviere	×
sirvas	sirvieras	sirvieses	sirvieres	sirve
sirva	sirviera	sirviese	sirviere	sirva
sirvamos	sirviéramos	sirviésemos	sirviéremos	sirvamos
sirváis	sirvierais	sirvieseis	sirviereis	servid
sirvan	sirvieran	sirviesen	sirvieren	sirvan
tenga	tuviera	tuviese	tuviere	×
tengas	tuvieras	tuvieses	tuvieres	ten
tenga	tuviera	tuviese	tuviere	tenga
tengamos	tuviéramos	tuviésemos	tuviéremos	tengamos
tengáis	tuvierais	tuvieseis	tuviereis	tened
tengan	tuvieran	tuviesen	tuvieren	tengan
traiga	trajera	trajese	trajere	×
traigas	trajeras	trajeses	trajeres	trae
traiga	trajera	trajese	trajere	traiga
traigamos	trajéramos	trajésemos	trajéremos	traigamos
traigáis	trajerais	trajeseis	trajereis	traed
traigan	trajeran	trajesen	trajeren	traigan
valga	valiera	valiese	valiere	×
valgas	valieras	valieses	valieres	×
valga	valiera	valiese	valiere	valga
valgamos	valiéramos	valiésemos	valiéremos	×
valgáis	valierais	valieseis	valiereis	×
valgan	valieran	valiesen	valieren	×

	직 설 법				
	현재	완료과거 단순형 (= 부정과거)	불완료 과거	미래	조건
venir 오다 **viniendo** **venido**	vengo vienes viene venimos venís vienen	vine viniste vino vinimos vinisteis vinieron	venía venías venía veníamos veníais venían	vendré vendrás vendrá vendremos vendréis vendrán	vendría vendrías vendría vendríamos vendríais vendrían
ver 보다 **viendo** **visto**	veo ves ve vemos veis ven	vi viste vio vimos visteis vieron	veía veías veía veíamos veíais veían	veré verás verá veremos veréis verán	vería verías vería veríamos veríais verían
vestir 옷을 입히다 **vistiendo** **vestido**	visto vistes viste vestimos vestís visten	vestí vestiste vistió vestimos vestisteis vistieron	vestía vestías vestía vestíamos vestíais vestían	vestiré vestirás vestirá vestiremos vestiréis vestirán	vestiría vestirías vestiría vestiríamos vestiríais vestirían
volver 돌아오다 **voviendo** **vuelto**	vuelvo vuelves vuelve volvemos volvéis vuelven	volví volviste volvlió volvimos volvisteis volvieron	volvía volvías volvía volvíamos volvíais volvían	volveré volverás volverá volveremos volveréis volverán	volvería volverías volvería volveríamos volveríais volverían

	접 속 법			명 령 법
현재	불완료 과거(-ra형)	불완료 과거(-se형)	미래	현재
venga	viniera	viniese	viniere	×
vengas	vinieras	vinieses	vinieres	ven
venga	viniera	viniese	viniere	venga
vengamos	viniéramos	viniésemos	viniéremos	vengamos
vengáis	vinierais	vinieseis	viniereis	venid
vengan	vinieran	viniesen	vinieren	vengan
vea	viera	viese	viere	×
veas	vieras	vieses	vieres	ve
vea	viera	viese	viere	vea
veamos	viéramos	viésemos	viéremos	veamos
veáis	vierais	vieseis	viereis	ved
vean	vieran	viesen	vieren	vean
vista	vistiera	vistiese	vistiere	×
vistas	vistieras	vistieses	vistieres	viste
vista	vistiera	vistiese	vistiere	vista
vistamos	vistiéramos	vistiésemos	vistiéremos	vistamos
vistáis	vistierais	vistieseis	vistiereis	vestid
vistan	vistieran	vistiesen	vistieren	vistan
vuelva	volviera	volviese	volviere	×
vuelvas	volvieras	volvieses	volvieres	vuelve
vuelva	volviera	volviese	volviere	vuelva
volvamos	volviéramos	volviésemos	volviéremos	volvamos
volváis	volvierais	volvieseis	volviereis	volved
vuelvan	volvieran	volviesen	volvieren	vuelvan

국가명	형용사(남성형)	형용사(여성형)
(la) Argentina	argentino	argentina
Bolivia	boliviano	boliviana
Chile	chileno	chilena
Canadá	canadiense	canadiense
China	chino	china
Colombia	colombiano	colombiana
Corea	coreano	coreana
Costa Rica	costarricense	costarricense
Cuba	cubano	cubana
(el) Ecuador	ecuatoriano	ecuatoriana
España	español	española
(los) Estados Unidos	estadounidense	estadounidense
Francia	francés	francesa
Guatemala	guatemalteco	guatemalteca
Honduras	hondureño	hondureña
Inglaterra	inglés	inglesa

국가명	형용사(남성형)	형용사(여성형)
Italia	italiano	italiana
Japón	japonés	japonesa
México	mexicano	mexicana
Nicaragua	nicaragüense	nicaragüense
Panamá	panameño	panameña
(el) Perú	peruano	peruana
Portugal	portugués	portuguesa
Puerto Rico	puertorriqueño	puertorriqueña
Republica Dominicana	dominicano	dominicana
Rusia	ruso	rusa
El Salvador	salvadoreño	salvadoreña
Suecia	sueco	sueca
Suiza	suizo	suiza
(el) Uruguay	uruguayo	uruguaya
Venezuela	venezolano	venezolana

0	cero	1	uno
2	dos	3	tres
4	cuatro	5	cinco
6	seis	7	siete
8	ocho	9	nueve
10	diez	11	once
12	doce	13	trece
14	catorce	15	quince
16	dieciséis	17	diecisiete
18	dieciocho	19	diecinueve
20	veinte	21	veintiuno
22	veintidós	23	veintitrés
24	veinticuatro	25	veinticinco
26	veintiséis	27	veintisiete
28	veintiocho	29	veintinueve
30	treinta	31	treinta y uno

32	treinta y dos	39	treinta y nueve
40	cuarenta	41	cuarenta y uno
42	cuarenta y dos	49	cuarenta y nueve
50	cincuenta	51	cincuenta y uno
52	cincuenta y dos	59	cincuenta y nueve
60	sesenta	61	sesenta y uno
62	sesenta y dos	69	sesenta y nueve
70	setenta	71	setenta y uno
72	setenta y dos	79	setenta y nueve
80	ochenta	81	ochenta y uno
82	ochenta y dos	89	ochenta y nueve
90	noventa	91	noventa y uno
92	noventa y dos	99	noventa y nueve
100	cien/ciento	101	ciento uno
102	ciento dos	109	ciento nueve
110	ciento diez	111	ciento once

112	ciento doce		
116	ciento diez y seis (ciento dieciséis)		
119	ciento diez y nueve (ciento diecinueve)		
120	ciento veinte	130	ciento treinta
200	doscientos	201	doscientos uno
300	trescientos	400	cuatrocientos
500	quinientos	600	seiscientos
700	setecientos	800	ochocientos
900	novecientos	1,000	mil
1,001	mil uno	1,500	mil quinientos
1,545	mil quinientos cuarenta y cinco		
1,909	mil novecientos nueve		
2,000	dos mil	2,001	dos mil uno
3,000	tres mil	10,000	diez mil
12,000	doce mil	20,000	veinte mil
21,000	veintiún mil	30,000	treinta mil

90,000	noventa mil	99,000	noventa y nueve mil
100,000	cien mil	110,000	ciento diez mil
190,000	ciento noventa mil	200,000	doscientos mil
900,000	novecientos mil	1,000,000	un millón
1,100,000	un millón cien mil	1,200,000	un millón doscientos mil
2,000,000	dos millones	1억	cien millones
십억	mil millones	백억	diez mil millones
천억	cien mil millones	1조	un billón

Lección 1

문1 1. **soy**   2. **es**   3. **es**   4. **es**   5. **son**

문2 1. **e**   2. **c**   3. **d**   4. **a**   5. **b**

Lección 2

문1
1. **Yo soy de Corea. Soy coreano/a.**
2. **Ellos son de China. Son chinos.**
3. **Luis es de México. Es mexicano.**
4. **Nosotros somos de Cuba. Somos cubanos.**
5. **Nosotros somos de Japón. Somos japoneses.**

문2 1. **e**   2. **c**   3. **d**   4. **b**   5. **a**

Lección 3

문1
1. **Antonio es estudiante.**
2. **Carmen es enfermera.**
3. **Ana es secretaria.**
4. **Carmen y Ana son alumnas.**
5. **Juan y Antonio son médicos.**

문2
1. **La casa es grande.**
2. **El profesor es bajo.**
3. **Este hotel es caro.**
4. **María es simpática.**
5. **Nuestra profesora es gorda.**

Lección 4

문1
1. **Aquél no es interesante.**
2. **Ése no es simpático.**
3. **Ésta no es alta.**
4. **Ésos no son coreanos.**
5. **Aquéllas no son antiguas.**

문2　1. La discoteca está en la calle.　　2. El bar está debajo de mi casa.
　　3. El libro está sobre la mesa.　　4. El cine está a la derecha del edificio.
　　5. La piscina está detrás del hotel.

Lección 5

문1　1. Mi niña es lista.　　2. Tu madre es alta y delgada.
　　3. Su hermana es baja y gorda.　　4. Ellas son simpáticas.
　　5. Mi sobrina es guapa.

문2　1. Tengo veinticinco años.
　　2. Mi niño tiene siete años.
　　3. Mi padre tiene cincuenta y nueve años.
　　4. Mi abuela tiene setenta y ocho años.
　　5. Mi hermana tiene treinta y seis años.

Lección 6

문1　1. Hoy estamos a diecinueve de mayo.
　　2. Hoy estamos a veintiocho de septiembre.
　　3. Hoy estamos a catorce de octubre.
　　4. Hoy estamos a veinticinco de junio.
　　5. Hoy estamos a trece de noviembre.

문2　1. El examen es a las doce y veinte.
　　2. El descanso es a las diez.
　　3. La reunión es a las nueve y media.
　　4. La clase es a las once.
　　5. El partido es a las nueve y diez.

Lección 7

문1　1. Sí, hace frío en invierno.　　2. Sí, hace mucho sol en julio.
　　　3. Sí, hace fresco en marzo.　　4. Sí, llueve mucho en mi país.
　　　5. Sí, hace buen tiempo en Corea.　6. Sí, hace mucho viento hoy.

문2　1. tengo　　2. tiene　　3. tenemos　　4. tenéis　　5. tienen
　　　6. tiene

문3　1. haciendo　2. leyendo　3. durmiendo　3. preparando　5. estudiando
　　　6. diciendo　7. cantando

문4　1. muy　　2. muy　　3. mucho　　4. muy　　5. mucho

Lección 8

문1　1. d　　2. e　　3. a　　4. b　　5. c

문2　1. las　　2. la　　3. se los　　4. se la　　5. se lo
　　　6. se la　7. se lo　8. lo　　9. se la　10. la

문3　1. sé　　2. saben　　3. conozco　　4. conocemos　　5. Sabe

Lección 9

문1　1. Sí, me gusta leer.　　2. Sí, me gusta viajar.
　　　3. Sí, nos gusta ir al cine.　4. Sí, me gusta el fútbol.
　　　5. Sí, nos gusta pasear.

문2　1. me　　2. le　　3. les　　4. les　　5. os
　　　6. te　　7. nos　　8. le

문3   1. te   2. Me   3. os   4. Nos   5. te, Me

문4   1. escritos   2. cansada   3. desordenada   4. casada   5. preparada

Lección 10

문1
1. Ésta es más bonita que aquélla.
2. Aquél es más caro que éste.
3. Pedro es más guapo que Juan.
4. Ésta es más grande que ésa.
5. Aquél es más rico que éste.

문2
1. Sí, es tan pequeña como ésta.
2. Sí, es tan inteligente como éste.
3. Sí, es tan caro como éste.
4. Sí, es tan baja como ésta.
5. Sí, son tan bonitas como éstas.

Lección 11

문1
1. Me gustan los zapatos azules que están en el escaparate.
2. Este señor es un director de cine que fuma mucho.
3. Estoy leyendo una novela que es muy interesante.
4. Tenemos un hermano que vive en Madrid.
5. Carmen es una actriz que me gusta mucho.
6. Veo un programa de televisión que es interesante.
7. Queremos comprar una casa que tiene un jardín muy bonito.
8. Juan tiene un coche que gasta mucha gasolina.

문2
1. No, no soy el menor, soy el mayor.
2. No, María no es la mayor, es la menor.
3. No, no son los peores, son los mejores.
4. No, no es la mejor, es la peor.
5. No, no son las mejores, son las peores.

Lección 12

문1
1. **dé**
2. **llegues**
3. **sea**
4. **entre**
5. **sean**
6. **estés**
7. **llueva**
8. **tengan**
9. **venga**
10. **estudiemos**
11. **puedan**
12. **vaya**
13. **hablemos**
14. **beba**
15. **lleguéis**

문2
1. **se quede**
2. **llueva**
3. **venga**
4. **esté**
5. **nieve**
6. **llegue**

Lección 13

문1
1. **Trabajad mucho.   No trabajéis mucho.**
2. **Pregunta mucho.   No preguntes mucho.**
3. **Tome el taxi.   No tome el taxi.**
4. **Alquila un coche.   No alquiles un coche.**
5. **Abre la ventana.   No abras la ventana.**
6. **Escuchen este diálogo.   No escuchen este diálogo.**
7. **Estudiemos mucho.   No estudiemos mucho.**
8. **Descanse un poco.   No descanse un poco.**

문2
1. **Dámela.   No me la des.**
2. **Córtatelo.   No te lo cortes.**
3. **Quitáoslas.   No os las quitéis.**
4. **Envíaselo.   No se lo envíes.**
5. **Dígaselo.   No se lo diga.**
6. **Enséñamela.   No me la enseñes.**
7. **Ponéoslos.   No os los pongáis.**
8. **Escríbesela.   No se la escribas.**

문3
1. **algo**
2. **ninguno**
3. **nada**
4. **ninguna**
5. **alguna**

Lección 14

문1
1. Hubo muchas personas en la fiesta.
2. Fuimos a la discoteca anoche.
3. Dieron la fiesta en el jardín.
4. Pusieron una película ayer en la televisión.
5. Vine de Madrid en avión.

문2
1. hizo　　2. vivía　　3. jugaba　　4. hicisteis　　5. acabó
6. murieron　　7. veía　　8. dijo　　9. fuimos　　10. fumaba

문3
1. Esta primavera ha llovido poco.
2. Esta noche ha dormido muy poco.
3. Este año habéis trabajado mucho.
4. Este invierno ha nevado mucho en las montañas.
5. Este verano hemos pasado las vacaciones en España.

Lección 15

문1
1. Esta noche nos invitarán al teatro.
2. El año que viene estudiará español.
3. Esta tarde te llamaré a las siete por teléfono.
4. El sábado que viene comeremos en un restaurante italiano.
5. El próximo lunes Juan irá a la escuela.

문2
1. María no dirá nada.
2. Ella se pondrá un vestido.
3. José saldrá de casa a las ocho.
4. Ellos vendrán a la fiesta.
5. No podremos ir al parque.
6. ¿Qué haremos?
7. Ella sabrá tu número de teléfono.
8. No habrá entradas.
9. Querré comprar una flor.
10. En esta sala no cabrá tanta gente.

문3　1. ¿Podría Ud. esperar un momento?
　　2. ¿Me llamaría Ud. por teléfono?
　　3. ¿Me podrías decir qué hora es?
　　4. ¿Qué querría Ud.?
　　5. ¿Le podría hacer una pregunta?

Lección 16

문1　1. come　　2. venden　　3. respetan　　4. agotan　　5. aman
　　6. habla　　7. puede　　8. saludan　　9. suele　　10. solucionan

문2　1. donde　　2. cuando　　3. donde　　4. como　　5. cuando